地方高校教师
教学学术能力发展
影响因素及提升策略研究

安福杰 著

汕頭大學出版社

图书在版编目（CIP）数据

地方高校教师教学学术能力发展影响因素及提升策略研究 / 安福杰著. -- 汕头：汕头大学出版社，2024.12. -- ISBN 978-7-5658-5491-0

Ⅰ. G645.12

中国国家版本馆 CIP 数据核字第 20255EN638 号

地方高校教师教学学术能力发展影响因素及提升策略研究
DIFANG GAOXIAO JIAOSHI JIAOXUE XUESHU NENGLI FAZHAN YINGXIANG YINSU JI TISHENG CELÜE YANJIU

著　　者：	安福杰
责任编辑：	汪艳蕾
责任技编：	黄东生
封面设计：	寒　露
出版发行：	汕头大学出版社
	广东省汕头市大学路 243 号汕头大学校园内　邮政编码：515063
电　　话：	0754-82904613
印　　刷：	定州启航印刷有限公司
开　　本：	710 mm×1000 mm　1/16
印　　张：	16
字　　数：	260 千字
版　　次：	2024 年 12 月第 1 版
印　　次：	2024 年 12 月第 1 次印刷
定　　价：	98.00 元

ISBN 978-7-5658-5491-0

版权所有，翻版必究

如发现印装质量问题，请与承印厂联系退换

前　言

自1990年博耶（Boyer）提出教学学术概念以来，教学学术和教学学术能力便引起了世界各国教育专家和学者的高度关注。专家和学者对教学学术能力的内涵、发展路径、评价标准等进行了理论研究，他们根据自己的研究实际，调查了高校教师教学学术能力的现状，分析了影响教学学术能力发展的因素，并提出了一些建设性的教学学术能力培养策略，为提高高校教师的教学学术能力积累了宝贵的经验。

专家和学者对高校教师教学学术能力的研究虽然取得了丰富的成果，但仍然存在一些需要进一步研究的地方。第一，他们的研究对象具有一定的局限性，如一些研究者以"双一流"高校教师作为研究对象，另一些研究者以体育教师、青年教师为研究对象，还有一些研究者以某些欠发达地区（西北地区）高校教师作为研究对象，由于研究对象的局限性，研究问题存在片面性和不完整性。第二，学者根据调查数据归纳总结的影响教师教学学术能力发展因素的证据不足，他们要么缺乏数据分析，要么对数据的分析不够深入，缺乏数据分析的全面性。第三，他们提出的教师教学学术能力发展策略没有充分的依据，如一些学者在研究教学学术能力评价标准和高校教师教学学术能力现状时，编制的调查问卷脱离了教学学术与教学学术能力的内涵。

鉴于此，本书在分析当前学者对高校教师教学学术能力研究成果的基础上，以综合激励理论和马斯洛的需求理论为指导，基于教学学术及教学学术能力的内涵，编制了不同以往的调查问卷。本书从国内不同地区（发达地区、中部地区和欠发达地区）的地方高校随机抽取268名不同层次（不同职称、不同学历背景、不同学科）的教师进行了教学学术能力调查，研究对象从局部地区延伸到全国，从青年教师或个别学科教师延伸到全体教师。通过对调查数据进行差异比较和相关性分析，本书获得了个体因素与教学学术能力之间的关系，以及各个因素相互关联后与教学学术能力的关系。在此基础上，本书分析了当前教师教学学术能力发展存在的问题，归纳了影响教师教学学术能力发展的因素。最后，本书综合分析了重视教师教学学术能力的高校以及其他国家的高校，分析了他们的成功经验，并提出了提高高校教师教学学术能力水平的策略，以期为高校管理者的决策提供一定参考。

本书的研究是荆楚理工学院校级项目"地方高校教师教学学术能力影响因素与提升策略研究"（项目负责人：安福杰）的研究成果之一，是湖南省社科基金项目"欠发达地区教师教学学术能力的提升策略研究"（项目编号：22YBA226；项目负责人：安福杰）的研究成果之一，是横向项目"高校教师教学学术认同及其发展激励机制研究"研究成果之一。

由于作者水平有限，书中难免存在不足之处，恳请广大读者批评指正。

目 录

第一章　绪 论 ·· 001
第一节　教学学术与教学学术能力的基本概念 ·················· 004
第二节　教学学术与教学学术能力的研究现状 ·················· 008
第三节　未来的研究趋势 ···································· 025
第四节　本书的研究思路 ···································· 027

第二章　研究设计和方法 ·· 028
第一节　理论依据与激励理论模型 ···························· 029
第二节　问卷的设计 ·· 033
第三节　问卷的实施流程 ···································· 036

第三章　问卷的具体实施 ·· 039
第一节　问卷的有效性与可靠性测试 ·························· 040
第二节　数据的收集与处理 ·································· 041
第三节　调查结果的可靠性和有效性分析 ······················ 043
第四节　教师受访者的分布情况 ······························ 045

第四章　我国地方高校教师教学学术能力的总体情况 ················ 051
第一节　当前国内地方高校教师教学学术能力的总体水平 ········ 052
第二节　地方高校教师对学校教学学术能力考核制度的满意度 ···· 055
第三节　地方高校教师对学校教学学术能力激励制度的满意度 ···· 059

第五章　地方高校教师教学学术能力的影响因素分析 ················ 063
第一节　人口个性特征对教师教学学术能力的影响 ·············· 064
第二节　不同期望对教师教学学术能力的影响 ·················· 098

        第三节 激励制度对教师教学学术能力的影响 ················ 112
        第四节 考核制度对教师教学学术能力的影响 ················ 116

第六章 不同影响因素之间的关系分析 ································ 118
        第一节 人口个性特征与个人期望之间的关系 ················ 119
        第二节 人口个性特征与教师对激励制度满意度的关系 ········ 126
        第三节 人口个性特征与教师对考核制度满意度的关系 ········ 143
        第四节 激励制度与考核制度之间的关系 ···················· 150

第七章 研究发现与提升策略 ·· 155
        第一节 研究发现 ·· 156
        第二节 当前地方高校教师教学学术能力发展存在的问题及原因分析 ··· 160
        第三节 提升地方高校教师教学学术能力的策略 ·············· 165
        第四节 总 结 ·· 175

参考文献 ·· 176

附 录 ·· 183
        关于地方高校教师的教学学术能力的调查 ···················· 244

第一章 绪 论

从 20 世纪 30 年代到 20 世纪 80 年代，经过几十年的实践，美国高等教育的重心发生了巨大的转变，从原本重视本科教育转变为重视科学研究和研究生教育，这导致了美国本科教育质量的持续下降。本科生学费上涨与教育质量下降之间的不对称性引起了公众对美国高等教育的强烈不满和问责。与此同时，新技术革命对劳动者的教育质量提出了更高的要求，这使美国国内高等教育改革的呼声越来越高。然而，在当时的美国大学中，高等教育中的学术概念相对狭窄，人们一提到"学术"，就想到参与科学研究、发表论文和出版著作。在评价教师职位时，人们更关注教师发表文章的数量和质量。"要么发表，要么消失"的学术评价标准迫使教师将大量精力投入科研论文的撰写和发表上。教师用于教学和研究的时间没有得到认可，这在一定程度上阻碍了教师、学校、学生甚至教育的健康发展。僵化的教师管理体制使教师教学投入不足，本科教学质量下降，公众不满情绪没有得到缓解。

1990 年，博耶在 *Scholarship reconsidered*: *priorities of the professoriate* 一书中提出了"教学学术"的概念。博耶认为，学术的定义不能局限于发现学科领域的新知，教学也是一种学术，对教学进行研究也是科学研究的一种。教师的学术包含相互独立但又互相联系的 4 种学术形式，即探究的学术（scholarship of discovery）、整合的学术（scholarship of integration）、应用的学术（scholarship of application）和教学的学术（scholarship of teaching）。[①] 博耶认为教学支撑着学术，意图通过扩展学者对学术内涵的理解，强调教学在教师的学术工作中的重要地位，使教学工作得到应有的尊重与重视。"教学学术"的提出为高校解决科研与教学的矛盾提供了一个完美的解决方案，因为从博耶的观点来看，教学是有学术性的，教学和科研可以自然融为一体。

自 21 世纪初教学学术引入我国以来，我国学者围绕高校教学学术、教师教学学术能力以及教学学术能力涉及的诸多问题进行了研究，并取得了一定的成果。随着时间的推移，中国教育管理部门也逐渐重视高校教师教学学术能力

---

① BOYER E L. Scholarship reconsidered: priorities of the professoriate[M].New York: John Wiley & Sons, Inc., 1990：24.

的发展,出台了一系列文件和意见。2016年8月,中华人民共和国教育部(以下简称"教育部")发布了《教育部关于深化高校教师考核评价制度改革的指导意见》(教师〔2016〕7号),首次提出"确立教学学术理念,鼓励教师开展教学改革和研究,提升教师教学学术发展能力"。2018年10月,教育部印发了《教育部关于加快建设高水平本科教育全面提升人才培养能力的意见》(教高〔2018〕2号),指出要深刻认识建设高水平本科教育的重要意义,认为人才培养是基础,本科教育是高等教育的根本,要把本科教育置于人才培养的中心和教育教学的基础地位,加强高校教师教学发展中心建设,全面提高高校教师教书育人能力。2019年10月,教育部印发《教育部关于深化本科教育教学改革全面提高人才培养质量的意见》(教高〔2019〕6号),对高校教师教学提出了新要求:高校应引导教师全身心投入教育学生中去。2020年,教育部发布《全国普通高校本科教育教学质量报告(2018年)》,要求高校继续推进人才培养改革创新能力建设,巩固本科人才培养中心地位,持续完善本科教育教学质量保障体系,提高人才培养的实效性评价标准。为了实现上述目标,教育管理部门及高校应明确组织、教师和学术界的责任,培养以"科教融合,提高质量"为核心的高校内部质量文化,重新获得公众对高等教育的信任。

把教学作为高校最重要的学术领域意味着承认教学在高校中的价值和地位。教学应被视为学术性的,可以像探索其他学术领域一样激发高校教师探索教学的热情,使高校教师成为研究教学的专家和学者。高校不仅要鼓励教师重视教学,提高教学的学术性和艺术性,还要鼓励教师进行教学研究,并将这些研究成果打造成人类的共同财富,使其可以像其他学术论文一样进行共享和推广,从而帮助其他教师提高教学水平,促进教学的不断发展,更有效地传递人类知识。

然而,目前高校仍然存在对教师的教学水平和教学科研能力重视不够的现象。高校教学学术组织文化的缺失、教师对教学与科研相互关系的认知偏差和教师评价的不确定性因素,致使教师产生了反对教学学术的潜在心理[1],导

---

[1] 李志河.高校教师教学学术水平评价模型建构研究[J].国家教育行政学院学报,2019(11):63-71.

致引导教师"回归教学"的效果不够显著。教师的教学水平和教学研究能力没有得到足够的重视，教师缺乏教学研究，影响了教师教学水平和人才培养能力的发展，不利于推进一流的本科教育。因此，高校有必要研究如何解决教学学术发展过程中存在的问题，完善相关制度，激发教师的教学热情，引导教师深入开展教学研究，从而提高教师的教学学术能力，实现高校人才培养能力的全面提升。

第一节 教学学术与教学学术能力的基本概念

自1990年博耶提出"教学学术"概念以后，国内外学者围绕教学学术展开了积极研究，他们研究的视角、关注的焦点各不相同。从当前已公开发表的学术论文来看，他们研究的主题主要有教学学术的内涵、教学学术能力有哪些、如何评价教师的教学学术能力、教学学术能力的核心指标、中小学教师是否具有教学学术能力、影响教师教学学术能力发展的因素有哪些、如何提升教师的教学学术能力等。本节梳理并阐述了教学学术以及教学学术能力的基本概念，使读者对教学学术和教学学术能力有一个明确的认识。

一、什么是教学学术

早期卡内基基金会和美国高等教育研究协会（AAHE）将"教学学术"定义为"教师使用适合学科的认识论研究方法来研究教学中的问题，将结果应用于实践，并进行交流、反思和同行评审"。Shulman和Wilson正式界定并完善了"教学学术"的内涵，他们认为，教师的教学过程和学生的学习过程是同一时空内不可分割的两个方面,人们必须整体地研究"教与学"。[1] 随后,Shulman 和 Hutchings 把博耶倡导的"教学学术"(the scholarship of teaching,SOT)发展成为"教与学的学术"(the scholarship of teaching and learning,SOTL),并对其作出了明确的内涵界定[2],即"教与学的学术"是教师根据本学科的认识论对自己在教学过程中产生的教与学问题进行探究,并将探究结果用他人能够接受的形式公开,使结果能够面对公开的讨论和评价,与同行进行分享并让同行能够在此基础上进行构建。

国内学者也对"什么是教学学术"表达了自己的看法。綦珊珊和姚利民认为,高校教师的教学学术是指高校教师在教学实践中表现出来的知识、能力和素质。[3] 周仕德认为,"教学学术"应该被定义为教师在自身专业学科领域的教学与学习的过程,教师应进行公开化及系统化的研究,借助同行检视和学术社群的共同探究,反思教学实践与学生学习,发展教学实践智慧,进而将此研究成果公开发表,以促进学术交流与分享。[4] 王贵林认为,教学学术是指教师在教学过程(指开放性的教学过程,不仅包括课堂教学,还包括理性的备课和课后的反思与研究过程)中,通过合作交流、反思评价、理性思考等途径对教学活动在继承、发现、综合及应用等方面所表现出来的高超能力与所取得的创新性成果。[5] 学者对教学学术的不同理解大大丰富了人们对于"教学学术"的认识,虽然教学学术的内涵界定尚未形成定论,但人们对于教学学术的成分却有了基本共识,即反思、交流、公开化。[6]

在这里,本书有必要对"学术性教学"与"教学学术"加以区分。"学术

---

[1] SHULMAN L S, WILSON S M. The wisdom of practice: essays on teaching, learning, and learning to teach[M]. San Francisco: Jossey-Bass, 2004: 84.
[2] SHULMAN L S, HUTCHINGS P. Teaching as community property: essays on higher education[M].San Francisco: Jossey-Bass, 2004: 95.
[3] 綦珊珊,姚利民. 教学学术内涵初探[J]. 复旦教育论坛,2004(6):28-31.
[4] 周仕德. 大学教与学学术研究:意涵取向、核心观点及发展趋势[J]. 高教探索,2014(4):83-91.
[5] 王贵林. 教学学术:教学型大学教师发展的基本选择[J]. 高等工程教育研究,2012(3):103-107.
[6] 宋燕."教学学术"国外研究述评[J]. 江苏高教,2010(2):67-70.

性教学"与"教学学术"的区别在于教学的最初驱动力、关注重点以及是否要依据学术的标准来研究。[1] 学术性教学的最初驱动力是教师如何有效地教，不必按照学术的标准来对问题进行系统研究；而教学学术的最初驱动力是如何让学生有效地学，关注的是学生的学习效果，要求按照学术的标准来探讨如何让学生更有效地学。从教师成长和高等教育发展历史的角度来看，"学术性教学"可以认为是"教学学术"的初级阶段，从事教学学术的高校教师都要经历学术性教学这个阶段。从研究范畴来讲，教学学术属于认识科学范畴[2]，学术性教学属于实践范畴，二者具有内在统一性和相关性。

二、什么是教学学术能力

教学学术能力是随着教学学术的出现而产生的。中外专家和学者对教学学术能力表达了自己的理解，并从一定的角度提出了自己的看法。

博耶是教学学术能力的最早提出者，他认为教学学术能力应该是能够深入理解教学内容，在教师的理解和学生的学习之间建立桥梁，认真计划并检查教学程序，刺激主动学习，实现知识的改造和扩展的能力。[3] Hutchings 和 Shulman 指出，教学学术能力是教师能够将教学公开、接受同行的批评和评价、共享教学成果的能力。[4] Kreber 和 Cranton 则认为，教学学术即教师对教学进行研究的活动，教师需要在教学实践中应用理论知识，反思、交流则是教学学术能力的基本要素。[5]

---

[1] 王力娟，邱意弘，王竹筠.学术性教学向教学学术转化的途径及挑战[J].江苏高教，2017（3）：54-59.

[2] 李海霞，蔡春.教学学术到底是怎样的学术：论教学学术的核心、过程及成果表征[J].上海教育科研，2020（6）：5-9.

[3] BOYER E L. Scholarship reconsidered: priorities of the professoriate[M].New York: John Wiley & Sons, Inc., 1990: 24.

[4] HUTCHINGS P, SHULMAN L S. The scholarship of teaching: new elaborations, new developments[J]. Change: The Magazine of Higher Learning, 1999, 31 (5): 10-15.

[5] KREBER C, CRANTON P A. Exploring the scholarship of teaching[J].The Journal of Higher Education, 2000, 71 (4): 476-495.

关于实践教学学术的能力需求，Mirhosseini 等提出，实践教学学术需要 3 种不同的能力：一是掌握本学科知识的能力；二是教学能力，即教师如何选择合适的教学方法教授学生学科知识的能力；三是评估和提高学生学习某一学科知识的能力。[①]

Malcolm 从学术研究的一般要求和过程出发，认为教学学术能力包括实施教学思想的计划和行为设计的能力、促进师生互动的能力、处理可预测和意外结果的能力以及分析复杂实践所带来的具体结果的能力。[②]

根据国外学者的研究成果可以看出，国外学者紧扣教学学术的概念内涵来推演教学学术能力的定义，重视"知识"的建构与掌握，强调师生或者同行的交流互动，突出了掌握学科教学知识能力的重要性。中国学者注重从实践的角度来理解教学学术能力。学者马晓旭从学生发展的视角出发，认为教学学术能力应该强调教师的科学思维、问题探究与分析解决能力、教学感悟归纳总结与传播能力。[③] 学者杨柳群认为，教学和科研相结合是教学学术能力的基础，教学学术能力是将知识传授与科学研究共同实施于教学实践的能力。[④] 学者张莉娟等则通过实证研究，认为教学学术能力应主要包括教学设计能力、控制课堂能力、语言表达能力、使用现代教育技术的能力和教学反思能力等。[⑤] 学者颜建勇等认为，教学学术能力是大学教师以学科认识论为基础，以人的发展为价值取向，通过开展教学学术研究活动以实现教学实践创新、知识改造扩展和

---

① MIRHOSSEINI F, MEHRDAD N, BIGDELI S, et al. Exploring the concept of scholarship of teaching and learning (SoTL): concept analysis[J]. Medical Journal of the Islamic Republic of Iran, 2018, 32 (96): 1-7.

② MALCOLM T. Tracking the scholarship of teaching and learning [J]. Policy Reviews in Higher Education, 2018, 2 (1): 61-78.

③ 马晓旭.高校教师教学发展的关键点识别及控制策略选择[J].黑龙江高教研究, 2018, 36 (10): 118-121.

④ 杨柳群.博士研究生教学学术能力的培养[J].研究生教育研究, 2018 (16): 40-45.

⑤ 张莉娟, 郑兰斌, 向俊, 等.高校青年教师教学学术研究: 基于北京大学医学部的实证分析[J].教育技术月刊, 2019 (2): 77-85.

有效传播的能力，其核心是掌握、运用和创新学科教学知识的能力。[①]

从学者的观点来看，笔者认为教学学术能力与教学内容（课程知识）的分析、教学过程的探索与研究、开放式教学的交流与批判性反思以及教学成果的共享有关。

第二节 教学学术与教学学术能力的研究现状

教学和科研是高校最重要的两个职能，如何通过整合这两个职能，提高高校人才培养的中心地位和本科教学的基础地位是当今高等教育发展的重点。其中，教师多元的学术观和教学学术倡导的科教融合观为人们提供了一个思考的方向。21世纪初，教学学术引入我国，成为提高我国高等教育教学质量的重要手段之一。教学学术被认为是解决高校教学与科研"不兼容"问题的"钥匙"，因此在国内高校，教师发展与教学管理的各个环节都"无意识"地打上了"教学学术"的烙印。教学学术和教学学术能力成为学者研究的焦点。

一、对教学学术的研究分析

（一）关于教学学术内涵的研究

教学学术的最终目标是提高学习者的学习水平。学习是学习者获取知识、加深理解、提高专业技能和人际交往技能以及培养价值观和素质的行为过程。知识、技能、态度和价值观都是主观建构的，它们不能直接观察和计算，必

[①] 颜建勇，郭剑鸣，李丹.论大学教师教学学术能力内涵特征[J].集美大学学报（教育科学版），2022，23（1）：7-13.

须通过学生的行为来推断这些能力和素质的发展水平。Miller等总结了关于教学学术的3个主要观点：第一，教学学术是教师创造的一种看得见的成就，如发表在期刊、会议论文、专著等上的文章；第二，"教学学术"类似学术性教学；第三，"教学学术"是指教师通过对理论和研究的反思，与以往教学经验中的知识相结合而产生的一种实践智慧。[1]

国内学者在国外学者关于教学学术的研究成果的基础上，也对教学学术的内涵提出了自己的见解。学者吕林海认为，教学学术是通过教师个体不断的教学反思，借助教学学术共同体和公开交流等方式，在不断借鉴并吸收已有的各种学术化的教学理论成果的基础之上，科学地完善并改进自己的教学，逐渐形成自己独特且富有成效的教学模式。[2]从吕林海对教学学术内涵的阐述可以看出，他对教学学术内涵的理解将教学学术从高校拓展到不同的学段，教学学术不再是高校的"专利"，中小学教师也可以像高校教师一样将教学演变成学术。学者王玉衡认为，"教学学术"是教师将对理论和研究的反思与以往来自教学经验的知识相结合产生的一种实践智慧。[3]学者王衡安根据博耶关于教学学术的观点，认为教学学术按照属性的差异，可以划分为两种不同的类型：学术性教学和教学的学术化。学术性教学体现为教师各种日常的教学实践活动，教学的学术化则是从教学实践中升华、总结、抽象出更具普遍意义的教学智慧。[4]

（二）关于教学学术对教师发展影响的研究

教学学术的提出让管理者和教师认识到，教学也是一种学术，应该具有

---

[1] MILLER Y J E, YEO M, MANARIN K. Challenges to disciplinary knowing and identity: experiences of scholars in a SOTL development program [J]. International Journal for the Scholarship of Teaching & Learning, 2018, 12（1）: 65-72.
[2] 吕林海. 大学教学学术的机制及其教师发展意蕴[J]. 高等教育研究, 2009, 30（8）: 83-88.
[3] 王玉衡. 教学成为学术：当代国际大学学术文化的新探索[J]. 大学（学术版）, 2011（11）: 40-44.
[4] 王恒安. 继承与超越：从"教学学术"到"教与学学术"的嬗变[J]. 教育探索, 2015（12）: 8-12.

学术地位。然而，教学要想成为学术，必须满足一定的条件，这对教师的能力提出了挑战，同时为教师的发展打开了"另一扇窗"。

姚利民等对高校教师发展成为教学学术型教师的路径进行了深入探讨。他们认为，高校教师发展成为教学学术型教师的路径主要源自高校、高校管理者和教师自己，具体包括高校、高校管理者和教师要重视高校教学学术，高校要对教师开展职前和在职教学培训，教师要学习教学、实践教学、反思教学以及研究教学。①

高校教师发展是提升高校教育质量的关键因素之一。教学学术理念的提出为教师教学能力培养、教师专业发展、教师教学评价等方面提供了新思路，同时对理论与制度的融合提出了挑战。周子怡根据美国研究型大学的发展经验，从教学学术视角研究了教师的发展。她借助奥米拉关于教师发展的分析框架，结合教学学术的定义与特征，从"学习、机构、专业关系、承诺"4个维度研究了美国研究型大学促进教师发展的具体实践与经验，进而从"理念、核心（内在）、支撑（外在）、评价"4个方面思考了美国研究型大学的经验对我国研究型大学教师发展的启示。② 教学学术视角下的教师发展应将教师视为落实教育研究的"教育者"和"学习者"，构建融合学科知识体系的教师发展模式，并为教师提供以支持性为基本原则的制度保障以及能够体现发展性和多样性的教学评价标准。

高校教师发展主要包括高校教师在教学知识、教学能力、教学水平等方面的发展。20世纪下半叶，一些发达国家的高等教育进入大众化阶段，学生数量大幅增加，教育质量问题由校园外溢到社会，受到广泛关注。教师是影响高校教育质量的关键因素之一。教学学术触及高校教学的本质，为教师的教学发展提供了一种更高层次的可能性。与其他研究样态相比，教学学术研究具有研究基础的多学科性、研究过程的实践性、研究成果的对象性等基本特点。南

---

① 姚利民，綦珊珊，郑银华. 大学教师成为教学学术型教师之路径探讨[J].2006（5）：41-45.

② 周子怡.教学学术视角下的教师发展：来自美国研究型大学的经验[J].广西科技师范学院学报，2023，38（3）：103-111.

京师范大学胡建华教授认为，在高校教学实践中开展教学学术研究，实现高校教师教学发展的高阶层次，需要以识读高校教学理论、识读大学生、识读高校教学方法为前提。①学者路玲等探索了"教学学术"视域下高校中青年教师专业化发展"五步联动"模式②，认为教师发展是一个系统工程，既要有宏观设计，又必须有所行动。他们通过文献研究和个别访谈，剖析了当前教师专业化发展存在的问题；通过理论研究和实践探索，总结出"学－研－练－赛－化"五步联动高校教师专业化发展模式，并通过实践研究证实了这种教师发展模式的显著效果，能够促进以教学学术为特征的教学质量文化的形成。

（三）关于教学学术原则的研究

国内外对教学学术原则进行研究的学者不多，主要是美国的一些专家学者。其中，美国范德比尔特大学的奇克（Nancy Chick）和她的同事对教学学术的基本原则进行了总结，认为教学学术的基本原则包括6个方面：第一，教学学术始于智力上的好奇；第二，教学学术应把教学看作问题来源，并且这些问题应该是有趣的、有挑战性的和有意义的；第三，教学学术的研究过程应是精心且系统设计的，要采用适合学科和问题的方法；第四，教学学术研究要收集、探索、理解学生学习的证据；第五，教学学术旨在通过加强教学实践来提高学生的学习水平；第六，教学学术研究要能进行评估，能增加有关教学的知识，能与同行分享。这些基本原则涵盖了探索性、挑战性以及研究过程的精心设计等方面，明确了教学学术的目的是提高学生的学习水平，其成果是增加知识，并且能够与同行分享。由此可以看出，学者对教学学术基本原则的看法实际上就是对教学学术内涵的进一步描述。

（四）关于教学学术共同体建设的研究

从早期卡内基基金会和美国高等教育研究协会对"教学学术"的定义可以看出，教学形成的最终成果应该应用于实践，并进行交流、反思和同行评

---

① 胡建华. 教学学术研究：大学教师教学发展的高阶层次[J]. 江苏高教，2023（1）：1-6.
② 路玲，乔欣，肖笑飞，等."教学学术"视域下高校中青年教师专业化发展"五步联动"模式研究与实践[J]. 江西中医药大学学报，2022，32：112-114，119.

审。舒尔曼认为，教师的教学过程和学生的学习过程是同一时空内不可分割的两个方面。因此，国内外学者意识到，"单打独斗"不利于形成教学学术，只有建立"教学学术共同体"才能更好地发展教学学术。于是，众多学者对如何构建、构建什么样的教学学术共同体进行了研究。

学者王岚等通过调查研究，认为教学学术的发展需要建立一个师生平等参与的教学交流、反思和公开的学术平台，即教学学术共同体。然而，目前教学学术的边缘化、对学生主体地位的忽视、教学团队建设的形式化、学科本位化等成为教学学术共同体建设需要直面的问题。教学学术共同体建设应以教师和学生为主体，并吸纳教学管理部门及教育专家的建议，完善教学学术的组织保障与制度保障，实施互动型的教学学术共同体运行机制。①

项聪等学者从理论层面探讨了我国东部与西部高校教学学术共同体构建的认知基础、核心要素及基本特征，并且运用实证研究方法，从教学认知、教学交流、教研活动、教学保障4个维度对东部与西部高校教学学术共同体发展的影响因素开展了研究分析。② 马瑛等学者则对英语教学学术共同体建设进行了实践探索，他们以某高校教学学术共同体的两年活动为背景，聚焦行业特色工科院校如何在新文科和新工科建设中依托主流工科特色协同发展学术英语教学学术共同体，以学生课前和课后问卷调查、教师自我反思和团队反思获得的数据为出发点，从研究生学术英语能力提升的视角分析学情，从实践背景、实践探索和实践保障3个方面阐释学术英语教学学术共同体的建设实践，服务于学术英语课程建设的高质量发展及学术英语教师教学学术能力的提升。③

近年来，随着社会与经济的发展，不同层次高校的责任与使命发生了变化，地方本科高校（尤其是新建本科高校）纷纷响应国家号召，进行了应用

---

① 王岚，史芝夕，邵俊美.高校教学学术共同体建设的现实困境与思考[J].教学研究，2022，45（3）：44-48，61.
② 项聪，白争辉.东西部高校教学学术共同体发展的内涵特征、影响因素与促进策略[J].中国大学教学，2024（合刊1）：74-80.
③ 马瑛，苏蕊，刘晓秋.基于学术英语教学学术共同体建设实践探索[J].湖北开放职业学院学报，2023，36（24）：168-169，178.

型转型。在此背景下，许多学者呼吁教学学术也应该随之转型，转型背景下的教学学术共同体应该有所不同。冯林霞等学者通过对相关概念的界定，提出了地方本科高校转型背景下教学学术共同体的内涵，分析了共同体构建的四大价值取向，其中育人主体从单一转向多元，育人目标由学术型人才转向应用型人才，育人理念由竞争转向共生，育人活动由理论转向实践。[①]他们还构建了转型背景下的教学学术共同体，提出了"三大建设"，其中组织建设是教学学术共同体构建的基础，文化建设是教学学术共同体构建的灵魂，评价制度建设是教学学术共同体构建的保障。地方高校的转型发展使人才培养的标准有所变化，但教学学术的内涵以及教学学术在教学中的体现形式并没有发生实质性的变化，只是教学学术的成果体现内容变得更广泛。因此，构建转型背景下的教学学术共同体，一方面可以推动教学学术向更广、更深的方向发展，另一方面可推动地方本科高校的应用转型，促进教学质量的提高。

刘文富和班东科从院系治理的角度围绕教学学术的共同体建设展开研究，分析了该类共同体的原则特性，梳理了院系治理下共同体运行发展的困局与成因，重点剖析了高校推动教学学术共同体发展中应当采取的建设举措。他们认为，院系治理下的教学学术共同体的构建与发展应该在学校层面上组建教学学术组织，改变权力配置定势，形成教学学术共同体文化，提升教学学术地位。[②]

沈丽萍认为，教学学术共同体是基于共同的愿景或目标而建立起来的教师教学学术团体，它以提升教学水平和教学质量为宗旨，追求学术的实用性、真实性、可持续性和可重复性。[③]教学学术共同体的主要特征是一种自组织形式，成员之间有着共同的愿景、目标或价值观，他们平等互助，共享研究成果。教学学术共同体的高效运转需要营建以制度为保障、以合作为基础、以表

[①] 冯林霞，李志河，李瑞曦.地方本科高校转型背景下教学学术共同体的构建探索[J].高教论坛，2023（9）：40-44.

[②] 刘文富，班东科.基于院系治理的教学学术共同体建构研究[J].中国多媒体与网络教学学报（上旬刊），2022（7）：70-73.

[③] 沈丽萍.教学学术共同体研究述评[J].教育研究与评论，2023（4）：60-63.

达为内核的运转环境。

从学者对教学学术共同体建设的研究成果可以看出,教学学术共同体是教学学术发展的载体。从政府层面来讲,教学学术共同体是为了培养社会需要的高质量人才;从学校层面来讲,它是为了提高教师的教学能力,从而提高办学质量;从教师层面来讲,它是为了教学研究与创新,提高教师的教学与科研能力。因此,教学学术共同体的建设需要政府、高校以及共同体本身发挥各自的作用并形成合力,推动高校教学学术共同体的高质量发展。

(五)关于教学学术水平现状的研究

教学学术概念的提出至今已有30余年,引入我国也长达20多年,学者都非常关注我国高校教学学术的发展情况,特别是教师的教学学术发展水平现状。他们以教学学术的相关知识为依据编制调查问卷,然后在一定的范围内进行调查研究,从而了解和掌握高校教师的教学学术发展现状。学者陈卓基于华中地区H省11所不同类型普通本科学校青年教师的问卷调查数据分析发现,当前高校青年教师教学学术水平总体状况良好,但各个组成维度存在显著的群体性差异,个人意愿和院校支持对青年教师教学学术水平有显著的正向促进作用,但目前院校在教师评价制度和对教学学术交流方面的支持力度存在明显不足。在此基础上,他认为高校青年教师是高校教学活动的主力军,他们的教学学术水平直接影响高校人才培养质量,高校可以通过营造氛围、建立交流协作机制、提高培训的针对性等发展路径提升高校青年教师的教学学术水平。[①]

学者刘怡和李辉对西北五省38所不同类型院校教师开展调查,分析了该地区不同院校、性别、学历、教龄、职称教师的教学理念、教学实践、教学成长等学术现状。结果发现:西北地区高校教师教学学术的观念与投入具有典型的院校差异;与院校提供的组织支持相比,教师个体的自我主动发展在促进教学学术成长方面的作用更为显著。他们一致认为,探索教学与科研耦合发展的有效路径、开展具有针对性的教学能力培育活动、激发教师形成积极的教学学

---

① 陈卓.高校青年教师教学学术水平现状及影响因素研究:基于华中地区H省11所高校青年教师样本[J].湖南第一师范学院学报,2021,21(4):60-65.

术自我发展机制，是推动西北地区高校教师教学学术发展的有效途径。①

学者李亚娟对广西某地方本科院校正式聘任的一线任课教师开展了问卷调查。研究发现：在教师个人方面，教师的教学责任意识不够，缺乏对课堂教学的深刻理解，没有对教学方法进行深入的研究，教师的教学很难促进学生各方面的发展，由于这种对学术本身存在的误区，再加上已有大环境的影响，不少教师对教学是否属于学术存在疑问，无法从学术的视角来看待教学活动；在学校层面，目前存在教学中心地位不够显著、基层教学组织发挥的作用不够明显、专设机构组织培训学习的针对性不强等问题。②

（六）关于教学学术知行失调的研究

学者陶钧对来自全国16个省、自治区和直辖市的488名大学教师进行了问卷调查。问卷以教学学术的三维矩阵模型为理论基础，从教学学术感知的角度对大学教师教学学术的3种成分进行了验证，发现大学教师在教学学术中存在知行失调现象。陶钧还对教学学术的感知成分和知行失调进行了现象描述和原因分析，得出的结论如下：教学学术是一个学术性极强的专业术语，普通教师可能并未理解其内涵，更无法用于指导自己的教学学术行为表现；教学学术行为的发展要求教师具有将概念转化为行为的能力，但一些教师的转化能力不足；教学学术的内涵具有动态发展的特征，教学学术内涵的动态性使教学学术行为滞后于教学学术感知。③

（七）关于教学学术对教师评价影响的研究

同行评议是高校教师教学评价的重要方式之一，事关教师专业发展和学生学习成效。欧阳光华等学者以教学学术为理论支撑，通过对加拿大英属哥伦

---

① 刘怡，李辉.我国西北地区高校教师教学学术现状研究：基于38所高校的调查[J].中国高教研究，2021（6）：78-83.

② 李亚娟.地方高校教师教学学术现状调查与分析：以广西某高校调查为例[J].高教论坛，2022（1）：16-19.

③ 陶钧.教学学术的知行失调：教学学术感知与教学学术行为的关系研究[J].黑龙江教育（理论与实践），2021（5）：42-45.

比亚大学教师教学同行评议的管理机构与评价主体、评价内容与指标体系、评价方式与评价程序进行分析,提出优化我国高校教师教学同行评议的路径:健全评价机构管理,加强同行评议队伍建设;规范同行评议过程,细化同行评议指标;落实教学学术导向,完善同行评议制度。①

教学是高校教师职业的根本要求,学术是高校教师职业的本质特征。教师的教学学术能力是高校教学质量高低的决定性因素,也是教学型教授评聘中的重要内容。以教学学术评价教学型教授,突出教师的教学水平,已成为新时代教师评价改革的重要方向。高校可通过进一步建构教学学术的合理认知来完善基于教学学术的教学型教授评聘制度,充分发挥教学学术共同体的作用,丰富教学实践成果。

二、对教学学术能力的研究分析

(一)关于教学学术能力发展途径的研究

关于教师教学学术能力的发展,博耶提出要建立"创造性契约",他认为学校通过制订合理的教师发展计划,能够让教师根据自身情况展开工作,在一定程度上既引导了教师的教学工作,又赋予了教师教学的自主权。②Shulman和Hutchings认为,学校应重视教师的教学能力,同时教师个人应使用教学档案袋记录教学过程。③Carolin则认为,学校应建立相应的教学激励模型,以支持教师的教学学术能力的发展。④

在国内,也有很多学者对教学学术能力的发展途径进行了研究,取得了

---

① 欧阳光华,黄姜燕,刘红姣.教学学术视角下加拿大英属哥伦比亚大学教师教学同行评议探析[J].黑龙江高教研究,2022(5):83-88.
② BOYER E L. Scholarship reconsidered: priorities of the professoriate[M].New York: John Wiley & Sons, Inc., 1990: 24.
③ SHULMAN L S, HUTCHINGS P. Teaching as community property: essays on higher education[M].San Francisco: Jossey-Bass, 2004: 95.
④ CAROLIN K. Controversy and consensus on the scholarship of teaching [J].Studies in Higher Education, 2002, 27 (2): 151-167.

一定的成果。学者韩淑萍通过对"双一流"L大学进行调查研究，并结合国外教学学术的发展经验，认为可以从以下方面着手发展教师的教学学术能力：教师个体应主动更新教学学术观念，优化自身知识结构，积极开展教学研究；院系支持层面要重视学术引领，构建教学学术共同体；制度保障层面要完善教学学术评价体系，健全教师教学激励制度，强化教师教学专业培训。① 国防科技大学谢晓虹学者在分析了高校教师教学学术能力提升的内在价值和存在的问题后，提出了发展教师教学学术能力的3个维度（观念维度、制度维度和途径维度），强调学校要强化教学知识交流，积极进行教学批判与反思互助，促进教师与学生之间的互动。② 学者谷木荣认为，高校青年教师的教学学术能力发展是高校人才培养质量发展的关键因素，是高校获得持续竞争优势的基础和保障。当前高校青年教师的教学学术能力发展存在教师的教学学术态度消极、教学知识结构失衡等问题，学校可以通过深化青年教师对教学学术的认识、完善青年教师教学发展培训体系、构建青年教师教学学术能力发展共同体和建立全面多元的教师学术评价制度等方式，来提升青年教师的教学学术能力。③ 学者刘隽颖在分析了"教学学术"与"教学学术能力"的内涵后，认为大学创新教学的本质是一种行动研究，行动研究是提升大学教师教学学术能力的根本途径，学校只有进一步提升行动研究的规范性，将成果纳入公共批评视野，关注学生体验，才能切实提升大学教师的教学学术能力，进而推进大学创新教学的开展。④

从国内外学者对教学学术能力发展途径的研究可以看出，国外学者主要从理性的角度提出了促进教师教学学术能力发展的方法，具有一定的思想指导意义；国内学者则主要通过实践调查研究，提出了促进教师教学学术能力发展

---

① 韩淑萍."双一流"高校教师教学学术能力现状及提升路径研究：基于L大学的调查[D]. 兰州：兰州大学，2021.
② 谢晓虹. 多维视角下的高校教师教学学术能力提升路径[J]. 中国成人教育，2019（1）：88-91.
③ 谷木荣. 高校青年教师教学学术能力发展的现实困境与实现路径[J]. 当代教育科学，2018（11）：65-68.
④ 刘隽颖. 大学教师教学学术能力及其提升策略[J]. 黑龙江高教研究，2018（2）：5-7.

的建议和策略，具有针对性和实践性。

（二）关于教学学术能力评价标准的研究

Glassick 等学者提出了教学学术评价的 6 条评价标准，即明确的目标、充分的准备、适当的方法、显著的成果、有效的表达和反思性批判，这为评价教学学术能力明确了方向。[1] Kreber 和 Cranton 提出了一套教学学术能力的评价指标，即"三种反思与三种知识"，"三种反思"指内容反思、过程反思、前提反思；"三种知识"涉及 3 个领域，包括教学指导、教学法和课程。[2] Trigwell 等将教师的教学学术能力评价分为知识维度、反思维度、交流维度、观念维度 4 个维度。[3] Hutchings 提出了教学学术能力评价的标准，包括成果公开化、成果可接受批判性评论、成果能够交流和被同行使用。[4]

国内学者也对教师的教学学术能力的评价体系进行了研究，并取得了丰硕的成果。李志河等学者通过调查研究，认为对高校在线教师的教学学术能力进行分析和评价，有利于把握当前高校在线教师的教学学术能力水平，并有效促进在线教师教学学术能力评价机制的建立。他们分析了教学学术及高校在线教师教学学术能力水平的相关文献，初步构建了高校在线教师教学学术能力评价指标框架，并通过两轮专家咨询、结构方程模型指标路径分析和层次分析法，确定了指标权重等一系列过程，最终形成了包含教学准备、课程资源开发、在线教学和交流反思的 4 个一级指标、10 个二级指标和 32 个三级指标的高校在线教师教学学术能力评价指标体系。[5] 学者王若梅在分析了博耶和舒尔

---

[1] GLASSICK C E, HUBER M T, MAEROFF G I. Scholarship assessed: evaluation of the professoriate[M]. San Francisco: Jossey-Bass Publishers, 1997: 36.

[2] KREBER C, CRANTON P A. Exploring the scholrship of teaching[J]. The Journal of Higher Education, 2000, 71 (4): 476-495.

[3] TRIGWELL K, MARTIN E, BENJAMIN J, et al. Scholarship of teaching: a model[J]. Higher Education Research & Development, 2000, 19 (2): 155-168.

[4] HUTCHINGS P. Opening lines: approaches to the scholarship of teaching and learning [M]. California: Carnegie Publications, 2000: 159.

[5] 李志河，刘芷秀，聂建文. 高校在线教师教学学术能力的评价指标体系构建[J]. 远程教育杂志，2020, 38 (5): 81-89.

曼关于教学学术的理论、格拉塞克（Glazek）等学者关于评价学术工作的 6 个标准、特里格维尔（Trigwell）等人的四维度教学学术评价法后，构建了包括教学理念、知识、能力、效果、应用性成果、教学研究、反思、合作交流 8 个维度的大学教师教学学术能力的评价模型。[①] 王志平等学者则从研究力、学习力、远景力、影响力 4 个方面，对教师的教学学术发展力进行了评价研究。他们采用概率语言多属性群体决策的数学模型，对某大学理学院数位教师的教学学术发展力所涉及的各个指标进行了评价研究，在离差化思想的基础之上，结合 Topsis 和 Electre 思想，获得了各个教师的教学学术发展力等级，为高校教学投入激励机制及考核制度提供了决策方法和理论依据。[②]

（三）关于局部范围内高校教师教学学术能力现状的研究

由于不同地域、不同层次的高校的实际情况不同，针对教学学术发展的政策制度各不相同，因此教师的教学学术能力也各不相同。国内学者对局部范围内高校教师的教学学术能力进行了调查研究，在研究方法上，他们或采用定性研究，或采用定量研究，或将定性研究和定量研究相结合，并且都取得了一定的成果。

刘刚等学者通过对 13 位来自不同性质高校的大学教师展开课堂观察、深度访谈和相关文本分析后发现，大学教师的教学学术能力整体呈现为 3 种典型类型：实践取向型、专业取向型和整合取向型。3 种类型在价值、知识、方法、交流 4 个维度上的区分性特征，呈现出大学教师教学学术能力的多样性存在和多元化取向。[③]

学者刘怡和李辉对中国西北五省 38 所不同类型院校教师的教学学术能力进行了调查，并对这些地区不同院校、性别、学历、教龄、职称教师的教学理念、教学实践、教学成长等学术现状进行了分析。结果发现：西北地区高校教

[①] 王若梅.大学教学学术评价方法之研究[J].江苏高教，2012（5）：95-96.
[②] 王志平，彭仲文，王慧闯.基于概率语言决策方法的高校教师教学学术发展力评价[J].大学数学，2021，37（6）：44-54.
[③] 刘刚，蔡辰梅，刘娜.大学教师教学学术能力的类型化特征及其比较分析[J].江苏高教，2020（4）：22-29.

师教学学术的观念与投入具有典型的院校差异；与院校提供的组织支持相比，教师个体的自我主动发展在促进教学学术成长方面的作用更为显著。[1]

武慧芳等学者以澳大利亚学者特里格维尔的教学学术能力模型为基础，编制了"教师教学学术能力调查问卷"。该问卷将教师的教学学术能力按知识、交流、反思、观念4个维度进行测定，对河北省部分高校203名教师进行了调查。调查发现，高校教师的教育知识有待进一步充实，教学交流有待进一步活跃，教学反思层次有待进一步提高，教学学术观念有待进一步树立。[2]

学者韩淑萍立足教学学术理论，结合当前相关研究，探讨了教学学术能力的内涵及构成要素，积极构建了教学学术能力的评价内容。另外，她以"双一流"高校L大学119名教师为调查研究对象，通过问卷和访谈，深入了解了L大学教师教学学术能力的发展状况，并试图分析发展过程中的问题及其背后的原因，进而为提升高校教师教学学术能力提供借鉴和参考。研究发现，当前L大学教师的教学学术能力的整体发展水平良好。具体来看，师生交流方面教师发展状况较好，但在其他方面的发展不均衡，水平有高有低。在分析了L大学教师在教学学术能力发展中存在的问题后，韩淑萍结合自己的经验从院系支持和院校制度两个方面提出了改善教师教学学术能力的办法和措施。[3]

（四）关于教师教学学术能力影响因素的研究

在国内，学者从不同角度针对高校教师的教学学术能力影响因素开展了调查研究，取得了较多的研究成果。

华南理工大学的项聪和白争辉运用实证研究方法，基于教学认知、教学交流、教研活动、教学保障4个维度对东西部206所高校的489名教师进行了调查，分析了教学学术共同体发展的影响因素。结果发现：跨区域教学交流不

---

[1] 刘怡，李辉.我国西北地区高校教师教学学术现状研究：基于38所高校的调查[J].中国高教研究，2021（6）：78-83.

[2] 武慧芳，刘德成，高令阁，等.河北省高校教师教学学术能力的现状分析：以河北省部分省属本科高校为例[J].河北经贸大学学报（综合版），2018，18（3）：89-93.

[3] 韩淑萍."双一流"高校教师教学学术能力现状及提升路径研究：基于L大学的调查[D].兰州：兰州大学，2021.

足会影响跨区域教学学术共同体的建设，跨区域教学学术共同体的教学保障的改进有助于提高整体的教学学术共同体的建设与发展质量。[1]

学者莫依婷在范运祥教授的指导下，对湖南省20所高校的200名体育教师进行了调查研究，从社会层面、制度层面、学校层面和体育教师自身层面分析了体育教师教学学术能力发展存在的问题。社会层面的因素主要包括传统教学观和学术观的分歧、传统学术观念的错误导向以及体育教学学术观念有待进一步树立；制度层面的因素主要包括体育教学知识的自主构建及培训制度的匮乏、体育教学学术评价难以实现操作化以及激励制度中缺乏体育教学学术的要求；学校层面的因素主要包括学校管理者"重科研轻教学"、体育教研室教研职能定位模糊、体育教学学术平台相对狭窄以及体育教学学术活动支持的针对性不强；体育教师自身层面的因素主要包括对教学学术缺乏科学的认识、体育学科教育教学专业性相对缺乏、教学学术能力存在明显的不足以及体育教师的教学反思与交流互助有限。[2]

学者朱炎军则对上海市240名高校教师进行了调查，通过对调查获得的数据进行分析，得出文化认知、组织规范和政策规章共同影响了教师的教学学术能力的发展。[3]

江西理工大学的龚金花和刘德儿采用定性研究和定量研究相结合的方法，结合已有学者的研究基础及我国相关政策制度文本、6份实地访谈资料分析及45位高校思政课专职教师的预调查，将高校思政课教师教学学术能力的测量结构确定为组织支持、教学学术行为、教学学术认同、教学学术反思和教学学术转化5个测量维度，对从事思想政治理论课程教学的480位教师开展了调查研究。结果发现：不同学校类型、不同教育背景等会影响教学学术能力的总体水平；女教师的学术身份与理念认同高于男教师；职称与教学学术能力可能存

---

[1] 项聪，白争辉.东西部高校教学学术共同体发展的内涵特征、影响因素与促进策略[J].中国大学教学，2024（合刊1）：74-80.
[2] 莫依婷.高校体育教师教学学术能力及提升策略[D].长沙：湖南师范大学，2020.
[3] 朱炎军.高校教师教学学术能力发展水平与影响因素研究[J].上海教育评估研究，2021，10（3）：16-20.

在不匹配的情况；区域优势及班级规模会影响部分教师的教学学术能力；教师主要面临的是学术转化问题。①

内蒙古科技大学的王小琴采用李志河教授编制的高校教师教学学术水平评价指标量表，对内蒙古自治区呼和浩特市、包头市、通辽市、赤峰市、呼伦贝尔市、乌兰察布市、巴彦淖尔市、鄂尔多斯市的15所高校的256名高校大学英语教师进行了抽样调查，结果发现：教龄在1～3年的新教师与4～10年处于发展上升期的教师在教学学术能力方面有显著差异；教师在入职4～10年的时间段内，教学学术能力处于显著提高阶段，之后教学学术能力的发展趋于平缓；不同职称会影响教学学术能力，评估差异较为显著，说明高级职称教师更关注教学学术经验与实践，教学学术能力更强；学术交流能力薄弱也会影响教学学术能力，使教学学术能力的整体水平下降，影响教学学术能力的可持续发展，进而影响教师的专业发展。②

（五）关于教学学术能力对教师培训影响的研究

教学学术的提出，为教师研究教学提供了新思路，同时为教师培训提供了新方法。一些学者从教学学术能力的视角研究了如何开展师资培训，取得了一定的成果。

天津大学刘洁等学者以教师的教学学术能力建设为着眼点，自主设计并实施了"国际化教学学术型师资培训项目"。此项目以国际化为内容和策略，注重在专业课程目标与内容以及专业教学革新与认证等方面顺应高等教育国际化的趋势。该项目以"请进来"和"送出去"为基本途径，在天津大学经过科学设计与系统实施，取得了显著成效。实践证明，天津大学国际化教学学术型师资培训项目是高校教师教学学术能力建设在实践中的有益探索。③

---

① 龚金花，刘德儿.高校思想政治理论课教师教学学术能力差异与影响因素研究[J].高教学刊，2023，9（16）：171-175.

② 王小琴.内蒙古高校大学英语教师教学学术能力现状调查[J].现代英语，2023（9）：17-20.

③ 刘洁，靳楠，王东华，等.高校教师教学学术能力建设的实践探索：以天津大学国际化教学学术型师资培训项目为例[J].天津大学学报（社会科学版），2018，20（6）：566-570.

北京联合大学罗尧等学者认为，高校教师培训是深化教师队伍建设的重要举措，开展提升教师教学学术能力的培训，探索教师培训模式，有助于提高教师的执教能力和研究能力，促进教师专业化发展。他们在厘清应用型大学教学学术能力构成的基础上，对应用型大学教师的培训需求进行了调研和分析，从而构建了需求和问题导向型的教师培训模式，为应用型大学开展教师教学学术能力培训提供了参考和借鉴。[1]

河北科技大学王岚等学者从教学学术能力视域研究了高校教师的教学培训改革，通过研究发现，目前高校教师的教学培训存在着高校重视程度不高、培训内容的深度与广度不足、培训形式单一等问题。他们认为，构建以教学学术能力为核心的教师教学培训机制，需要加强机构建设与制度引导，提高教师参与教学培训的自主性和积极性；需要扩展教师的教学理论知识，为教师开展教学学术提供理论支持；需要开展形式多样的教学培训，促进教师的教学评价与交流；需要搭建教学资源共享平台，分享与传播教学学术研究成果。[2]

三、国内外研究评析

根据国内外教学学术的相关研究文献可以看到，自从博耶提出"教学学术"一词以来，学者对"什么是教学学术"提出了不同的看法。一些学者认为，教学学术是关于教学的知识以及如何有效地将知识传递给学生的研究方法，教师可以通过多种方式改进教学，形成独特的教学模式；另一些学者认为，教学学术就是研究教学中的问题，并将其应用于实践、交流、反思和同行评审中的研究方法。笔者认为，学者对教学学术内涵的研究成果是全面的，为本书研究教学学术能力奠定了坚实的基础。

尽管学者对"什么是教学学术"的看法不一，但他们对教学学术能力的

---

[1] 罗尧，杨圆方.教学学术能力视角下应用型大学教师培训模式探究：以北京联合大学为例[J].北京联合大学学报，2021，35（4）：11-16.
[2] 王岚，王永会，计然.教学学术能力视域下高校教师教学培训改革研究[J].河北科技大学学报（社会科学版），2018，18（1）：95-100，107.

看法大致相同，都注重分析和解决问题的能力以及传播研究成果的能力。他们认为，建立教学学术社区或教学学术共同体（或基层组织），完善管理制度和教学学术评估体系，以促进教师教学学术能力的发展是很有必要的。创新、沟通和反思是教学学术能力评价标准的核心内容。

通过以上国内外学者关于教学学术的研究还可以看出，中国学者对高校教师教学学术能力的研究持积极态度。他们通过问卷调查或访谈，从不同角度对教师的教学学术能力进行了调查研究，掌握了我国不同层次或地域高校教师教学学术能力的第一手资料，并发现了一些问题，如教学学术观念淡薄、缺乏积极的教学交流、教学反思水平不高、教学学术评价体系不完善等。他们都认为，教师自身、学校制度和组织是影响教师教学学术能力发展的主要因素。为了促进教师教学学术能力的发展，学者认为，营造教学学术氛围、构建教学学术共同体、加强实践活动是非常重要的。

笔者认为，学者对高校教师教学学术能力的研究取得了丰富的成果，但也存在许多不足，尤其是关于教学学术能力的深层次的实践研究。本书通过对国内相关文献的分析，认为我国学者对教学学术能力的研究存在4个方面的不足。

第一，他们的研究对象有一定局限性。一些学者或以"一流"高校的教师作为研究对象，或以体育教师作为研究对象，或以青年教师、欠发达地区（西北地区）的教师作为研究对象，来研究教学学术能力。由于研究对象的局限性，他们的研究往往局限于某一类或某一领域，调查对象相对集中，覆盖面小，研究问题存在片面性和不全面性，导致研究成果的使用缺乏普遍性。

第二，他们制作的调查问卷具有"随意性"。学者对教学学术能力的内涵和评价标准进行了系统的研究，并以论文的形式呈现出来。然而，中国学者在编制问卷时没有严格遵循教学学术能力的内涵和评价标准，导致问卷缺乏严谨性，不利于获取影响教师教学学术能力发展的因素。

第三，没有足够的证据来归纳、总结影响教师教学学术能力的发展因素。他们要么缺乏数据分析，仅从自身的经验或从文献综述分析得出影响因素，要么对数据的分析不深入，仅从单一因素分析，没有重视因素之间的关联作用，导致研究结果缺乏全面性。

第四，提出的教师教学学术能力的发展策略没有充分的依据，表现为对教学学术能力的内涵、教学学术能力评价标准和高校教师教学学术能力现状的数据没有进行充分的分析。

第三节 未来的研究趋势

一、教学学术仍然是重点关注的话题

自从博耶提出教学学术的理念后，国内外学者对"什么是教学学术"提出了不同的看法，有着各自独特的见解。到目前为止，学术界关于教学学术的概念仍然没有明确的一致性答案，因此在一定的时间内，这仍然是学者追逐和关注的话题。

二、注重高校教师教学学术能力的发展

教学是一种学术，这一观点得到了广大学者的认可。既然教学是一种学术，那么如何评价教师的这种学术能力呢？学者根据前期专家的相关成果，进行了自己的设计和研究。然而，由于教学学术概念仍然具有不确定性，虽然学者都从各自的角度构建了教学学术能力的评价模型，但这些模型能不能适应当前及以后高校教师教学学术能力的评价要求，仍然需要时间和实践的检验。

三、关注如何提升高校教师的教学学术能力

高校承载着为国家培养人才和推动科学研究的使命，教学与科研是高校的两项"并行"的核心工作。2019年，教育部发布《教育部关于加强新时代教育科学研究工作的意见》，鼓励教师提高教研意识，全面提升教研能力。21世纪初，我国引入教学学术这一理念，引起了高校管理者对教师评价的高度重视，一些高校通过设立"教学型教师"进行了教师评价的改革试探。学者也积极立项开展了相关研究，如黄培森、刘刚、李志河和欧阳光华等学者，他们对教师教学学术核心能力、教学评价与提升以及形成机制展开了研究。他们的改革与研究取得了一定的成绩，但由于教学学术组织文化的缺乏，以及教师对教学与科研相互关系的认知偏差和教师评价的不确定性因素，致使教师产生了反对教学学术的潜在心理，导致引导"教师回归教学"的效果不够显著。

教学学术能力对提高高校教师的教学能力至关重要。当前，学者提出的教学学术能力提升路径与策略的作用效果不明显，国家对高校教学质量越来越重视与教师反对教学学术的潜在心理之间的矛盾决定了如何提升高校教师的教学学术能力仍然是现在及今后研究的焦点。

四、注重教学学术在中小学校的体现

博耶提出教学学术理念的初衷是解决高校教学质量下降的问题，因此学者研究教学学术的对象主要是高校教师。但是，根据博耶、舒尔曼等学者对教学学术内涵的描述，教学学术与教育知识、教学反思、教学交流、成果共享等有关，由此推测，中小学教师也应具有教学学术能力，他们也可以在日常教学中根据自己掌握的学科知识和教育知识，展开教学研究与教学反思，并且通过教学研讨会进行教学交流，形成自己独特的教学模式，将自己的成果发表或通过其他方式与同行共享。由此看来，针对中小学教师的教学学术和教学学术能力的研究非常必要。但是，到目前为止，鲜有针对中小学教师的教学学术和教学学术能力的研究。随着学者对高校教师教学学术研究的深入和中小学教师的

研究思想和观念的觉醒，针对中小学教师的教学学术的研究一定会成为另一个教育和教学研究的焦点。

第四节 本书的研究思路

本书在分析当前学者对高校教师教学学术能力研究成果的基础上，以教学学术的内涵、综合激励理论为依据，制作"地方高校教师教学学术能力现状"调查问卷，在中国不同地区（发达地区、中部地区、欠发达地区）、不同层次地方高校随机抽取250名以上不同层次的教师（教授、副教授、讲师、助教）开展教学学术能力相关调查。调查研究对象从局部地区（发达地区或西北部地区）扩展到全国范围，从青年教师扩展到所有教师，从局部专业教师扩展到各专业教师。

本书通过对调查数据进行分析，得出当前地方高校教师的教学学术能力水平、高校教师对学校发展教学学术的考核制度的满意度以及对学校教学学术能力的激励制度的满意度等。本书使用SPSS软件工具对调查数据进行了差异性比较和关联性分析，辨别单个因素与教学学术能力的关系以及因素之间相互关联后与教学学术能力的关系，在此基础上分析了当前教师教学学术能力发展面临的困境，归纳了影响教师教学学术能力发展的因素。

最后，本书综合分析了调查研究的高校以及国内外、重视教师教学学术能力的高校，归纳、总结了他们获得成功的经验，提出了提升高校教师教学学术能力的措施，为学校领导决策提供参考，为高校教师发展自身教学学术能力提供借鉴。

第二章 研究设计和方法

第一节 理论依据与激励理论模型

本书编制的地方高校教师教学学术能力调查问卷中,体现教师教学学术能力的变量主要依据的是教学学术理论内涵,提升策略和激励制度与激励的相关理论有关。本节在分析与激励相关的理论之后,明确了指导本书研究的激励理论模型。

一、理论依据

(一)教学学术理论

本书根据不同学者对教学学术内涵的不同理解,将教学学术能力从3个维度进行体现:教学反思、教学沟通与交流、教学创新与共享。

(二)基于内容的动机理论

基于内容的动机理论主要研究的是激励动机,包括马斯洛的"需求层次论"、赫兹伯格的"双因素理论"、麦克莱伦的"成就-需求-动机理论"、奥德弗的"ERG理论"等。在这些基于内容的动机理论中,具有代表性的是需求层次理论。马斯洛在1943年提出了需求层次理论,他将人的复杂需求分为7个层次:生理需求、安全需求、归属与爱的需求、自尊需求、认知需求、审美需求、自我实现与超越。1954年,马斯洛将人的7个方面的需求从低到高分为3个层次:生理需求与安全需求是需求的初级阶段;归属与爱的需求、自尊需求、认知需求和审美需求为需求的中级阶段;自我实现与超越为需求的高级阶段。7个方面的需求按顺序上升,如图2-1所示。

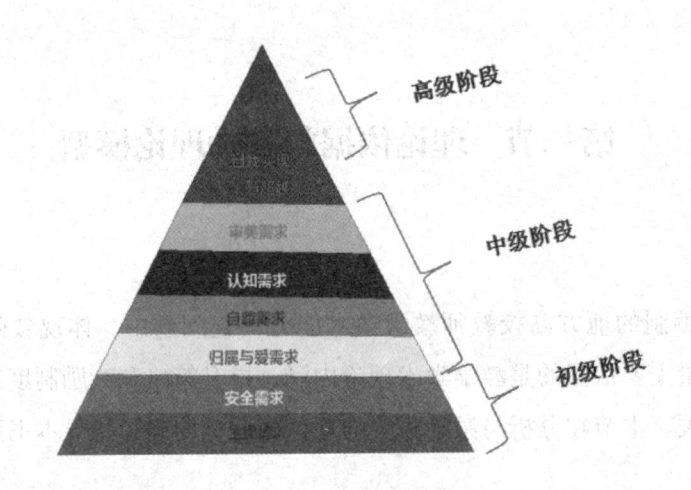

图 2-1 马斯洛的需求层次模型

马斯洛认为，只有在低层次的需求得到部分满足后，高层次的需求才能成为行为的重要决定因素；在下一层次的需求基本得到满足后，对下一层次需求的追求将成为行为的驱动力。

大学教师是具有高学历、高智商的知识分子，他们的研究能力和教学学术能力的发展与马斯洛的 7 大需求中相当一部分几乎没有必然关系（如生理需求、安全需求、归属与爱的需求），但这些能力的发展在一定程度上可能与中级阶段的认知需求及高级阶段的自我实现与超越有关。因此，笔者认为，马斯洛的需求层次理论不能完全或单独作为本书的主要理论指导框架，但可以作为辅助性激励理论指导。

（三）综合激励理论

综合激励理论是由美国心理学家和管理专家波特和劳勒于 1968 年提出的，该理论定义了 3 个维度。第一，奖励是以业绩为基础的，业绩是首先需要满足的，人们对业绩和奖励的满意度会反过来影响未来的激励价值，人们对某项工作的努力是由完成工作时获得的激励值和努力后获得奖励的预期概率决定的。第二，人们行为的结果不仅取决于个人的努力，还取决于个人的素质、能力和个人对自己工作的感知。第三，人们对工作的满意度取决于他们获得的激励与预期结果的一致性，如果激励大于或等于预期结果，个人会感到满意；如果动机和工作结果之间的联系减弱，人们就会失去信心。综合激励理论吸收了需求理论、期望理论和公平理论的成果，因此更加全面和完善。

　　动机的激励是一个非常复杂的问题，涉及人类行为的许多方面。行为主义激励理论强调外在激励的重要性，而认知激励理论强调内在激励的重要性。综合激励理论在克服行为主义激励理论和认知激励理论的不足的同时，吸取了它们的优点，是两类理论的综合、概括和发展。它将所有的内部和外部激励因素都考虑在内，系统地描述激励过程，以便对人们的行为有更全面的解释，为解决调动人们工作积极性的问题提供了更有效的途径。

　　综合激励理论包括4个主要变量：努力程度、工作绩效、内部奖励与外部奖励、满足感，如图2-2所示。

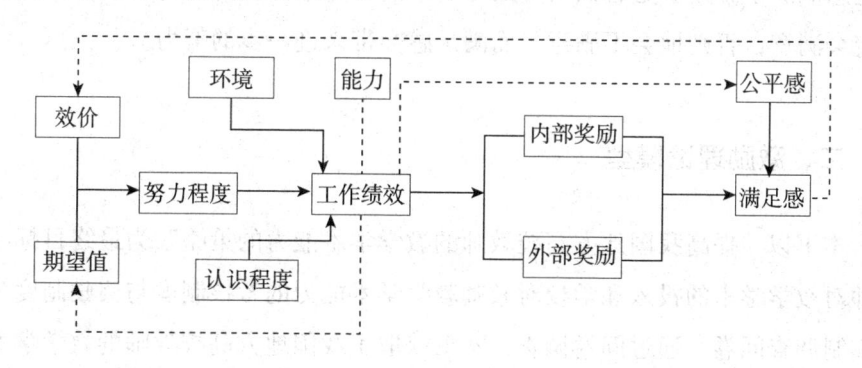

图2-2　综合激励理论框架

综合激励理论所体现的关系主线是，员工的努力程度会产生工作绩效，工作绩效会使员工获得组织给予的内部奖励和外部奖励，各种奖励会影响员工的满足感。

1. 努力程度

员工的努力程度受员工自身期望值以及对实现目标的价值或奖励的主观判断和评价（即效价）的影响。当期望值和效价一致时，员工的努力程度将在理论上得到加强。

2. 工作绩效

员工的实际工作绩效取决于他们的能力、外部环境、努力程度以及自己对需要完成任务的认识程度。如果员工对自己的角色有清晰的认识，他们的努力能够指向正确的方向，并能够做好自己的主要职责或任务，那么员工的工作绩效可能会得到提高。

3. 奖励与满足感

员工必须完成相应的任务才能获得精神和物质奖励。根据员工的工作绩效给予员工内部奖励和外部奖励，会在一定程度上提高员工的公平感和满足感，从而激励员工更加努力。然而，当员工发现他们的奖励与工作绩效的相关性很低时，奖励就无法成为提高绩效的激励措施。奖励和惩罚措施是否会产生满足感取决于激励者是否认为奖励是公平的，如果他认为这符合公平原则，他一定会满意，否则他会不满意。而满足感会带来进一步的努力。

二、激励理论模型

本书以"提高我国地方高校教师的教学学术能力的策略"为最终目标，以教师对教学学术的投入和学校对教师教学学术能力的考核制度与奖励制度为内容编制调查问卷。通过问卷调查，本书获取了我国地方高校教师的教学学术能力现状、教学学术考核制度和教学学术激励制度存在的问题，并从工作绩效、内部奖励与外部奖励、教师满意度（对激励教师教学学术发展的奖励制度的满意度）等方面，针对教师的努力程度，研究了提高地方高校教师的教学学术能力的策略。由于影响教师教学学术能力的因素相对复杂，笔者选择了综合激励理论作为本书激励方面的主要理论框架来指导本书的研究过程。

另外，在综合激励理论中，研究涉及教师的期望、认知水平、满意度等方面，这与马斯洛的需求层次理论中的认知需求、尊重需求、自我实现与超越有关。因此，笔者以马斯洛的需求层次理论作为本书的辅助指导理论，完善后的激励理论框架如图2-3所示。

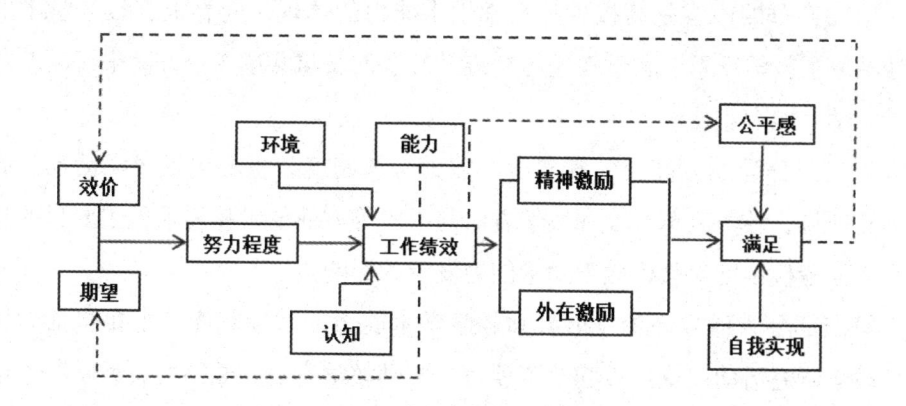

图 2-3 激励理论框架

第二节 问卷的设计

本书研究的目的是调查我国地方高校教师教学学术能力的现状和发展困境，分析并总结影响地方高校教师教学学术能力发展的因素，提出一套切实可行的措施来提高我国地方高校教师的教学学术能力。

问卷包括 5 个部分：第一部分，确定受访者的人口特性；第二部分，确定教师的教学学术能力；第三部分，调查国内地方高校发展教师教学学术能力的考核制度；第四部分，调查国内地方高校发展教师教学学术能力的激励制度；第五部分，确定教师个人期望。

第一部分的内容主要包括受访者的年龄、工作所处的地域、职称、教育背景、工作专业所属学科等，主要目的是研究人口特性对教师教学学术能力发展的影响。

第二部分的内容是高校教师教学学术能力的体现，问卷根据教学学术的内涵抽取了教学反思、教学沟通与交流、教学创新与共享3个方面来反映教师的教学学术能力。

第三部分为地方高校的教学学术能力考核制度，主要包括教学活动、教学创新项目、教学改革制度和教学方法与手段等方面的考核要求，主要目的是研究学校考核制度对教师教学学术能力发展的影响。

第四部分为地方高校发展教师教学学术能力的激励制度，主要包括学校支持教学研究活动、支持教学改革项目、奖励教学竞赛、奖励发表教学改革论文等方面，主要目的是研究学校激励制度对教师教学学术能力发展的影响。

第五部分为自我期望，主要包括地方高校教师对晋升职称的态度、对自己教学工作环境（包括专业、课程、教学设施、学生等）的满意度、对自己教学能力现状的满意度、对自我价值实现的满意度、对家庭生活的满意度等方面，主要目的是研究教师自身的期望对教师教学学术能力发展的影响。

问卷的具体结构如下：

1. **受访者的人口特性**

    1.1 年龄；

    1.2 工作所处的地域；

    1.3 专业职称；

    1.4 教育背景；

    1.5 所属学科；

    1.6 年收入。

2. **高校教师教学学术能力的体现**

    2.1 教学反思；

    2.2 教学沟通与交流；

    2.3 教学创新与共享。

3. 地方高校的教学学术能力考核制度

3.1 教学活动；

3.2 教学创新项目；

3.3 教学改革制度；

3.4 教学方法和手段。

4. 地方高校发展教师教学学术能力的激励制度

4.1 支持教学研究活动；

4.2 支持教学改革项目；

4.3 奖励教学竞赛；

4.4 奖励发表教学改革论文。

5. **自我期望**

5.1 对晋升职称的态度；

5.2 对自己教学工作环境（包括专业、课程、教学设施、学生等）的满意度；

5.3 对自己教学能力现状的满意度；

5.4 对自我价值实现的满意度；

5.5 对家庭生活的满意度。

具体内容见调查问卷《关于地方高校教师的教学学术能力的调查》。

问卷的选项（除受访者的人口特性部分）采用的是李克特的五级评价量表，如表2-1所示。

表2-1 五级评价量表

选项成绩	选项等级	描述
5	非常大程度	非常积极，非常多（数量达到一定标准），非常满意
4	很大程度	积极，多（一定数量的因素），满意

续 表

选项成绩	选项等级	描述
3	中等程度	一般来说，性能不突出，也不差
2	偶尔程度	比较少，性能较低
1	从来不	很不积极，很不满意，什么都没有

第三节　问卷的实施流程

一、确定研究目的

根据研究的要求，本书采用随机方式选择来自国内不同地区（发达地区、中部地区、欠发达地区）不同层次的地方高校教师（不少于250名）进行调查研究，然后运用SPSS26统计分析工具对收集的数据进行定量分析，分析的目的有3个：一是掌握地方高校教师教学学术能力的现状及存在的问题；二是确定人口个性特征、教师教学学术能力、学校发展教师教学学术能力的考核制度、学校发展教师教学学术能力的激励制度以及自我期望中，两个或多个变量之间的相关程度和性质；三是分析一个变量发生变化后，其他变量之间的差异性。在定量分析后，本书需要归纳、总结变量之间的关系，特别是教师的教学学术能力与其他变量之间的关系。最后，本书根据地方高校教师教学学术能力的现状、存在的问题以及变量之间的影响关系，提出提高地方高校教师教学学术能力的策略。

二、随机抽样

本书通过"问卷之星"软件编制并生成二维码和网页超级链接，然后通过 QQ 群和微信群等途径，采用随机抽样的方法获得地方高校教师教学学术能力的数据，样本中的每个成员都有相同的概率被选中。另外，根据研究问题的要求，被调查的教师应来自 3 个不同地域（发达地区、中部地区、欠发达地区），因此在随机抽样的前提下，本书从这 3 个不同地域教师中尽可能多地收集数据，以获得不少于 250 名受访者。

三、选取研究对象

本书调查的教师来自中国的发达地区、中部地区和欠发达地区的地方综合性高校和普通高校，因此本书将教师所在的学校分为 3 类。原则上，每种类型学校的受访者人数应分布均匀，受访者人数不低于研究需求，具体分布情况如表 2-2 所示。

表2-2 研究对象的分布情况

学校所在地域	数量（人）
中国发达地区地方性高校	50
中国中部地区地方性高校	100
中国欠发达地区地方性高校	100
合　计	250

四、验证问卷的有效性与可靠性

调查问卷由菲律宾永恒大学研究生学院委派的教授（2 名）、博士生导师（2 名）和中国 2 名具有高级职称的专家进行了不少于 3 次的审阅，并根据专家的意见进行了修改,以保证问卷的有效性。

为了确定问卷的可靠性,本书需要对问卷进行可靠性测试。测试需要随机抽取国内地方高校的 100 名教师进行尝试性测试,然后使用 SPSS26 统计分析软件进行计算,问卷的有效性系数和可靠性系数均不低于 0.8 才可实施问卷调查,否则应进一步修正调查问卷。

五、数据收集程序

问卷的开头写明了问卷调查的目的、对受访者产生的影响以及如何回答调查项目;然后进行问卷调查,并给受访者足够的时间回答调查项目;调查结束后,研究人员将从受访者那里收集问卷,对收集到的问卷进行整理,并按不同层次进行分类。这些数据将通过 SPSS26 统计分析软件进行统计和处理,研究人员将对处理后的数据进行解释和分析。

六、数据的统计处理

为了分析和解释数据,本书将使用以下方法对数据进行统计处理:采用 Excel 表格统计不同人口特征量的受访者的教学学术能力水平;图表用于以直观的形式呈现统计数据的大小;t 检验用于测试具有不同人口特征量或不同人口特征量组合的受访者的教学学术能力水平的差异;采用单因素方差分析、非参数独立样本检验和 F 检验分析不同人口特征量或不同人口特征量组合的受访者教学学术能力水平之间的差异;采用计算相关系数判断不同变量之间的相关性程度。

最后,本书在对数据进行研究与分析的基础上,以综合激励理论和马斯洛的需求层次理论为指导,借鉴国内外地方高校教学学术能力的发展经验和成功案例,提出切实可行的措施,提高地方高校教师的教学学术能力。

第三章　问卷的具体实施

第一节　问卷的有效性与可靠性测试

本书通过"问卷之星"网络在线软件编制问卷，然后将编制好的电子问卷生成二维码和网页超链接，通过微信群和QQ群推送给地方高校教师。

在问卷的有效性和可靠性检测阶段，为了确定问卷设计的内容是否可靠和有效，本书将编制好的调查问卷在一定范围内进行试测。试测采用随机的方式，通过微信群和QQ群推送"问卷之星"编制的问卷。最终收集到问卷101份，有效问卷101份，如表3-1所示。

表3-1　问卷有效性检测阶段的数据情况

类别	指标	
	记录数（份）	占比（%）
有效性	101	100.0
移除	0	0
合计	101	100.0

本书使用SPSS26统计分析软件，通过因子分析命令，计算得到的101个调查数据的克朗巴赫系数的值为0.857（见表3-2），克朗巴赫系数的值大于0.8，说明问卷的可靠性满足研究的要求。本书进一步对调查问卷进行了KMO检验和巴特利特球体检验，结果如表3-3所示，其中显著性的值为0.000，小于0.05，表明问卷数据适合进行因子分析；KMO取样适合性数值为0.815，大于0.8，表明问卷的有效性较高。

表3-2 可靠性统计（前测）

克朗巴赫系数 α	基于标准条件的克朗巴赫系数 α	项目数量
0.857	0.871	44

表3-3 KMO检验和巴特利特球体检验（前测）

KMO 取样适合性数值	巴特利特球体检验	
	近似卡方值	显著性
0.815	384.542	0.000

第二节 数据的收集与处理

一、数据的收集

研究者利用网络在线问卷制作软件"问卷之星"设计问卷，然后将编制好的问卷生成二维码和网页超级链接，推送到"中国大学管理群""中国大学教师资源共享交流群"、研究者好友的QQ群和微信群以及地方高校的相关微信群，教师通过识别二维码或打开网页超级链接填写问卷并提交，研究者通过这些调查途径获得调查数据。问卷在实施过程中没有针对具体的单位或个人，因此该问卷的实施可以视为随机抽样调查。

然而，数据收集过程中遇到的实际困难比之前想象的要大。第一，通过"问卷之星"收集的调查数据数量有限，经过4个多月的努力，本书通过"问卷之星"共收集到196份调查数据记录，数量未满足研究所需的总体要求。第二，来自不同地区参与调查的教师的人数不平衡，在收集的 196 份调查数据中，来自发达地区的问卷有 31 份（要求不少于 50 份数据记录）、中部地区的问卷有 80 份（要求至少有 100 份数据记录）、欠发达地区的问卷有 85 份（要求不得少于 100 份数据记录），研究者对教师将自己工作的高校所属地域归类错误的数据记录进行归类纠正后，发达地区问卷数据记录少于 30 份，远不及研究要求的数量。

为了获得尽可能多的调查数据，研究者一方面继续通过在线推送二维码和网页超级链接的方式收集调查数据，另一方面通过线下发放问卷的方式进行问卷调查。2022 年 12 月上旬，在"中国教师职业认证培训会"期间，研究人员向参会教师中来自广东或其他发达地区地方高校的教师发放了纸质调查问卷；2022 年 12 月下旬，研究人员在上海出差期间，通过朋友介绍，向上海的一些地方性高校教师发放了纸质调查问卷。截至 2023 年 1 月 6 日，研究者利用线上和线下两个途径共收集到 268 个有效调查数据，其中发达地区有 64 个数据记录，中部地区有 101 个数据记录，欠发达地区有 103 个数据记录，收集的调查数据在总体数量和类别数量上都满足研究的数据要求。

二、数据存在的问题与处理

从"问卷之星"软件中收集的有效数据的情况如下：本书利用"问卷之星"网络平台共收集到 196 份问卷调查数据，因为未完成问卷填写或未按要求填写的问卷不能提交，所以收集的所有数据都是完整、有效的数据。

线下收集的有效数据的情况如下：经过研究人员努力，线下共收集到 80 份问卷调查数据，其中 8 份问卷因为填写的数据不完整或对选项的回答不满足要求（选择了多个选项）被认为无效，其他 72 份问卷调查数据均为有效调查数据。

调查收集到的问卷数据存在的主要问题是被调查的教师没有准确地了解自己工作的大学所属地域的类别，对于在同一座城市工作的教师，他们选择了不同的地区类型。例如，一些教师将永州定义为欠发达地区城市，另一些教师则将其定义为中部地区城市；一些教师将海口定义为中部地区城市，另一些教师则将其定义为欠发达地区城市；在南宁、潮州和长沙高校工作的教师也有类似的情况。

如果不采用合理的方法处理这些信息不一致的问卷记录，上述调查结果中不一致的数据将影响数据的分析结果和研究者对分析结果的研究判断。因此，本书根据我国发达地区、中部地区、欠发达地区等的划分原则，对教师所在地方高校的区域类型进行了修正，如将永州和南宁等城市的高校所属地归为欠发达地区，将海口和长沙等城市的高校所属地归为中部地区。

第三节 调查结果的可靠性和有效性分析

问卷包括5个部分：人口个性特征变量、教学学术能力、考核制度、激励制度、教师个人期望。考虑到大多数人口个性特征变量都是客观数据，本书在计算问卷调查结果的可靠性和有效性时，去除了这一部分的数据。

一、调查结果的可靠性分析

本书使用SPSS26统计分析软件对268份调查数据进行分析，数据情况如表3-4所示，其中有效数据共有268个，有效率为100%（无效数据在可靠性计算前已被删除）。调查结果的可靠性计算结果如表3-5所示，克朗巴赫系数的值为0.927，基于标准条件的克朗巴赫系数的值为0.932，远大于0.8，表明采用编制的问卷开展的数据调查获得的数据是可靠的。

表3-4 调查结果的数据情况

类别	指标	
	记录数（份）	占比（%）
有效性	268	100.0
移除	0	0
合计	268	100.0

表3-5 可靠性统计

克朗巴赫系数 α	基于标准条件的克朗巴赫系数 α	项目数量
0.927	0.932	44

二、调查结果的有效性分析

本书使用SPSS26统计分析软件，通过因子分析命令，对268个调查数据进行KMO检验和巴特利特球体检验。计算结果如表3-6所示，其中显著性值为0.000，小于0.05，表明问卷数据适合进行因子分析；KMO取样适合性数值为0.875，大于0.8，表明采用编制的问卷进行调查的结果有效性较高。

表3-6 KMO检验和巴特利特球体检验（有效性测试）

KMO取样适合性数值	巴特利特球体检验		
	近似卡方值	自由度	显著性
0.875	8 393.722	946	0.000

第四节　教师受访者的分布情况

一、受访者的地域分布情况

受访者的地域分布情况如表3-7所示。在受访者中，发达地区受访者主要来自北京、上海、江苏、浙江等发达地区；欠发达地区受访者主要来自广西、四川等中西部地区；中部地区受访者主要来自湖南、湖北等中部地区。除黑龙江、西藏、山西以及香港、澳门特别行政区和台湾地区外，其他省份都有来自当地本科院校的教师参与调查。受访者所属的地区覆盖率很高，这对本书的研究有很好的作用。

表3-7　受访者的地域分布情况

地域类型	地区	合计（人）
发达地区 （64个记录）	江苏	5
	上海	20
	广东	23
	浙江	3
	山东	5
	北京	3
	福建（部分城市）	1
	天津	1
	重庆	3

续　表

地域类型	地区	合计（人）
中部地区 （101 个记录）	湖南（部分城市）	46
	湖北	18
	海南	10
	河北（部分城市）	5
	河南	5
	江西	4
	陕西（部分城市）	3
	安徽（部分城市）	4
	福建（部分城市）	1
	辽宁	2
欠发达地区 （103 个记录）	湖南（部分城市）	48
	四川	8
	广西	8
	安徽（部分城市）	2
	海南（部分城市）	1
	贵州	7
	云南	3
	内蒙古	13
	新疆	3
	河北（部分城市）	2
	甘肃	3
	陕西（部分城市）	3
	青海	2

二、受访者的年龄段分布情况

受访者的年龄段分布情况如图 3-1 所示。在参与调查的教师中，30～39 岁年龄段的教师共有 118 人，占参与调查教师总数的 44%；40～49 岁年龄段的教师共有 94 人，占参与调查教师总数的 35%。这两个年龄段的教师是我国地方高校教学改革与科学研究的主力军，他们积累了一定的教学和科研经验，具有继续工作的奋斗目标和动力。因此，参与调查的教师教学学术能力的现状和态度具有较好的代表性。

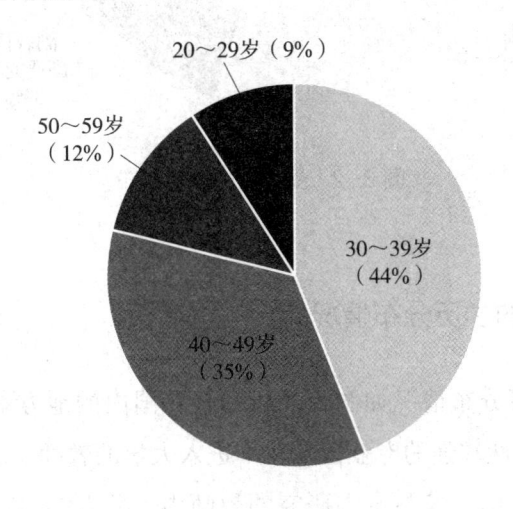

图 3-1 受访者的年龄段分布

三、受访者的职称分布情况

受访者的职称分布情况如图 3-2 所示。在参与调查的教师中，具有副教授（副研究员）职称的教师共有 104 人，占参与调查教师总数的 39%；具有讲师职称的教师共有 121 人，占参与调查教师总数的 45%。在中国地方高校，具有副教授（副研究员）和讲师职称的教师在所有教师中所占比例最大，他们的教学科研能力和水平具有地方高校教师的代表性，具有研究教学学术的天然力量。

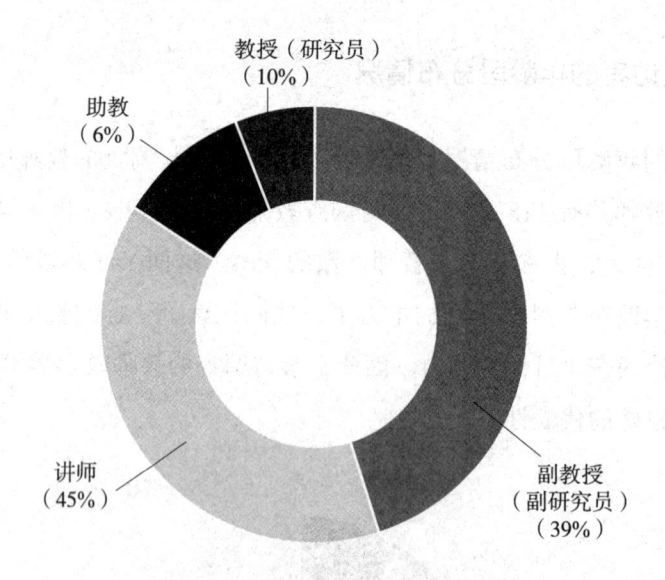

图 3-2 受访者的职称分布

四、受访者的学历分布情况

受访者的学历分布情况如图 3-3 所示。在国内的地方本科学校中，除了少数技术性或操作性较强的专业以及较早进入大学的教师，高校教师一般要求具有硕士及以上学历。参与本书研究的教师中，共有 78 名教师有博士学位，占参与调查教师总数的 29%；有 173 名教师具有硕士学位，占参与调查教师总数的 65%。两者共占 94%，符合国内地方高校教师的教育背景特点。

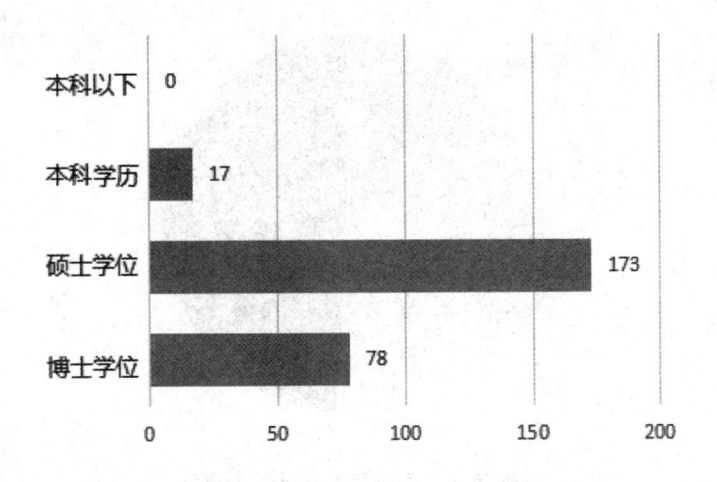

```
本科以下  0
本科学历  17
硕士学位  173
博士学位  78
```

图 3-3　受访者的学历分布

五、受访者的学科专业分布情况

受访者的学科专业分布情况如图 3-4 所示。在参与本书研究的教师中，学科属于文科的教师占 49%，属于理科的教师占 34%，两者合占 83%，具有比较大的比例，这符合国内地方本科院校发展的现状：中国地方本科高校主要是由以往专科学校独立升级或合并升级而成，其主要功能是服务于当地经济社会发展，而当地发展的制约决定了文科和理科专业在地方高校专业中占据主导地位。

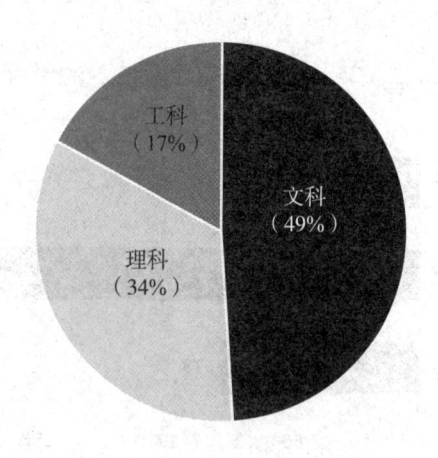

图 3-4 受访者的学科专业分布

从以上对参与调查的教师人口个性特征的统计可以看出，参与调查的教师具有以下特点：一是所属地域很广，这有利于了解我国各地区高校教师教学学术能力的发展情况；二是年龄段的覆盖面较广（30～49岁年龄段占79%），具有较好的代表性；三是职称结构分布情况（副教授和讲师职称的教师共占84%）和学历结构分布情况（具有博士和硕士学位的教师占94%）符合我国地方高校教师的实际情况；四是参与调查的教师学科专业分布情况同样符合中国地方本科高校发展的实际情况。这些统计因素反映了接受调查的教师具有相当好的代表性，问卷的信度（0.932）和有效性（0.875）相对较高，为本书后期的数据分析提供了质量保证。

第四章　我国地方高校教师教学学术能力的总体情况

第一节 当前国内地方高校教师教学学术能力的总体水平

在编制的调查问卷中,第二部分反映的是教师的教学学术能力,其中关于教学反思能力的问题主要包括 Q7～Q11,关于教学沟通和开放交流的问题主要包括 Q12～Q17,关于教学创新与分享的问题主要包括 Q18～Q22。这些问题的得分被看作参与调查教师的教学学术能力水平,满分为 80 分。根据调查数据,本书得到国内地方高校教师的教学学术能力水平的总体情况,如表 4-1 所示。

从整体来看,国内地方高校教师的教学学术能力整体水平一般(平均值为 51.4),没有哪一个年龄段、职称类型、学科类型或地区的教师教学学术能力整体达到良好水平。

表4-1 国内地方高校教师的教学学术能力水平

类别	学历			职称				学科			地域		
	博士	硕士	本科	教授	副教授	讲师	助教	文科	理科	工科	发达地区	中部地区	欠发达地区
20～29岁年龄段	56.7	42.7	40.0	0	0	45.9	45.9	44.5	47.3	48.0	46.0	50.0	43.6
30～39岁年龄段	53.7	53.4	60.0	56.0	62.1	51.6	36.0	53.8	51.2	56.0	57.0	52.2	53.3
40～49岁年龄段	56.8	53.6	50.1	57.8	54.8	51.2	0	54.8	51.9	56.9	54.5	55.1	53.3
50～59年龄段	60.0	51.8	49.2	61.2	49.2	44.0	16.0	50.2	57.0	53.9	58.1	52.4	47.3

一、从年龄段的维度比较教师的教学学术能力

在 20～29 岁年龄段，具有博士学位的教师的教学学术能力最强，仅具有本科学历教师的教学学术能力最弱；中部地区教师的教学学术能力比其他两个地区的教师的教学学术能力略高。

在 30～39 岁年龄段，仅具有本科学历的教师的教学学术能力最强，具有博士学位与具有硕士学位教师的教学学术能力差别不大；副教授（副研究员）的教学学术能力最强，教授（研究员）次之，助教最差；发达地区教师的教学学术能力明显高于其他两个地区。

在 40～49 岁年龄段，具有博士学位或具有教授（研究员）职称的教师的教学学术能力最强；工科专业的教师的教学学术能力比文科和理科强；不同地域的教师的教学学术能力差异不明显。

在 50～59 岁年龄段，具有博士学位或具有教授（研究员）职称的教师的教学学术能力最强；只有本科学历或助教职称的教师的教学学术能力较差；发达地区教师的教学学术能力明显比其他两个地区强，欠发达地区明显较弱。

二、从学历的维度比较教师的教学学术能力

从总体来看，具有博士学位的教师的教学学术能力普遍较强；只有本科学历的教师的教学学术能力普遍较弱，30～39 岁年龄段的教师除外。另外，在 20～29 岁年龄段，具有硕士学位的教师的教学学术能力也较弱。

三、从职称的维度比较教师的教学学术能力

具有教授（研究员）职称的教师的教学学术能力较强，并且他们的教学学术能力随着年龄增长而不断增强；仅具有助教职称的教师的教学学术能力普遍较弱。

四、从学科专业的维度比较教师的教学学术能力

从总体上看，不同学科专业的教师的教学学术能力差别不明显。但从年龄段纵向来看，文科和工科专业 40～49 岁年龄段的教师的教学学术能力较强，20～29 岁年龄段较弱；理科专业 50～59 岁年龄段的教师的教学学术能力较强，20～29 岁年龄段较弱。

五、从地域的维度比较教师的教学学术能力

发达地区地方高校的教师的教学学术能力整体优势不明显，但是，30～39 岁年龄段和 50～59 岁年龄段发达地区的教师的教学学术能力明显比其他两个地区的强。

第二节 地方高校教师对学校教学学术能力考核制度的满意度

在编制的调查问卷中，第三部分是关于教师对地方高校教学学术能力考核制度的态度的调查项，其中关于教学活动的问题主要包括 Q23～Q24 和 Q28，关于教学创新项目的问题主要包括 Q27，关于教学改革论文的问题主要包括 Q25～Q26，关于教学方法的问题主要包括 Q29～31。对考核制度的态度共涉及 9 个问题，满分是 45 分。

根据调查数据，本书得到高校教师对学校教学学术能力考核制度的满意度的总体情况，如表 4-2 所示。从整体上看，国内地方高校教师对学校教学学术能力考核制度的满意度整体不高，平均水平未达到总分的 60%。

表4-2 教师对学校教学学术能力考核制度的满意度

类别	学历 博士	学历 硕士	学历 本科	职称 教授	职称 副教授	职称 讲师	职称 助教	学科 文科	学科 理科	学科 工科	地域 发达地区	地域 中部地区	地域 欠发达地区
20~29岁年龄段	27.5	26.9	27.0	0	0	27.7	26.2	25.9	28.8	26.5	25.2	30.8	27.5
30~39岁年龄段	27.2	26.8	33.0	16.0	28.9	27.2	26.5	27.6	26.6	26.8	28.3	28.2	24.8
40~49岁年龄段	24.3	26.0	25.0	24.2	26.0	24.9	0	25.7	24.0	27.0	26.6	24.2	26.0
50~59岁年龄段	22.2	25.5	26.8	27.7	24.6	22.0	9.0	25.7	29.3	19.9	29.8	21.7	24.4

一、从年龄段的维度比较教师对学校教学学术能力考核制度的满意度

从总体来看，20～29岁年龄段教师对学校教学学术能力考核制度的满意度平均值为27.08，30～39岁年龄段教师对学校教学学术能力考核制度的满意度平均值为26.56，40～49岁年龄段教师对学校教学学术能力考核制度的满意度平均值为25.41，50～59岁年龄段教师对学校教学学术能力考核制度的满意度平均值为25.19。由此可以看出：随着年龄的增长，教师对学校教学学术能力考核制度越来越不满意，教师对学校出台完善的教学学术能力考核制度的较高期待与当下学校对发展教师教学学术能力的偏见形成较大的反差。

二、从学历的维度比较教师对学校教学学术能力考核制度的满意度

具有博士学位、硕士学位和仅具有本科学历的教师对学校教学学术能力考核制度的满意度的平均值分别为26.03、27.06、26.70，满意度水平处于一般水平，其中具有博士学位的教师对考核制度的满意度较低，具有硕士学位和仅具有本科学历的教师对学校教学学术能力考核制度的满意度没有较大差异。

同时，从调查数据中可以发现，20～29岁年龄段具有博士学位的教师对学校教学学术能力考核制度的满意度较高，50～59岁年龄段的满意度最低；30～39岁年龄段只具有本科学历的教师对学校教学学术能力考核制度的满意度最高，与其他阶段具有较大反差。

三、从职称的维度比较教师对学校教学学术能力考核制度的满意度

具有教授（研究员）、副教授（副研究员）、讲师和助教职称的教师对学校教学学术能力考核制度的满意度的平均值分别为25.46、26.60、27.30、22.06，除具有助教职称教师的满意度太低外，其他职称教师的满意度差异不大。

同时，从调查数据中还可以发现，具有教授（研究员）职称的教师，随

着年龄的增长,他们对学校教学学术能力考核制度的满意度增加;具有副教授(副研究员)、讲师、助教职称的教师则相反。笔者认为,出现这种情况的原因是多方面的:一是高校管理者一般都具有教授(研究员)职称,且大部分年龄较大,属于评估者;二是职称较低的教师具有较大的发展空间,对自己的未来充满期待,因此他们对学校教学学术能力考核制度具有较高的期待。

四、从学科专业的维度比较教师对学校教学学术能力考核制度的满意度

从整体来看,不同学科专业的教师对学校教学学术能力考核制度的满意度并不高,不同年龄段的文科专业教师对学校教学学术能力的考核制度的满意度基本没有差别;20～29岁和50～59岁年龄段理科专业的教师对学校教学学术能力考核制度的满意度高于文科和工科,并且50～59岁年龄段的满意度最高,工科专业50～59岁年龄段的满意度最低。

五、从地域的维度比较教师对学校教学学术能力考核制度的满意度

从整体来看,发达地区、中部地区和欠发达地区地方高校的教师对学校教学学术能力考核制度的满意度的平均值分别为27.54、25.67、25.49,发达地区地方高校教师的满意度明显高于其他两个地区;中部地区和欠发达地区地方高校的教师对学校教学学术能力考核制度的满意度没有明显差异。

另外,从调查数据中还可以发现:发达地区50～59岁年龄段的教师对学校教学学术能力考核制度的满意度比其他年龄段高,20～29岁年龄段最低;中部地区和欠发达地区则刚好相反。

第三节　地方高校教师对学校教学学术能力
　　　　激励制度的满意度

关于学校对发展教师教学学术能力的激励制度的调查问题主要有14个，其中关于教学和研究活动的问题主要包括Q32，教学改革项目的问题主要包括Q33～Q38和Q42～Q43；教学竞赛问题主要包括Q39～Q40和Q44～Q45；教学改革论文发表的问题主要包括Q41，满分为70分。根据调查数据，本书得出高校教师对学校发展教师教学学术能力激励制度的满意度情况，如表4-3所示。

从总体上看，教师对学校发展教师教学学术能力的激励制度的满意度较低（平均值为43.6，略高于总分的60%），由此可以看出地方高校优化发展教师的教学学术能力的激励制度显得非常有必要。

表4-3 高校教师对学校教学学术能力激励制度的满意度

类别	指标									
	学历			职称			学科			地域		
	博士	硕士	本科	教授	副教授	讲师	助教	文科	理科	工科	发达地区	中部地区	欠发达地区
20~29岁年龄段	53.3	42.1	45.0	0	0	44.3	46.0	43.5	46.1	49.0	44.1	49.0	44.3
30~39岁年龄段	44.1	42.8	41.0	47.0	44.8	43.3	32.3	41.0	44.8	44.3	46.3	45.9	37.9
40~49岁年龄段	44.9	42.8	46.9	46.2	43.9	42.0	0	43.4	44.0	44.7	46.4	42.1	44.0
50~59岁年龄段	43.0	47.0	44.0	48.0	45.8	51.0	14.0	46.5	46.1	43.6	50.0	41.1	47.1

一、从年龄段的维度比较教师对学校教学学术能力激励制度的满意度

20～29岁年龄段教师对学校发展教师教学学术能力激励制度的满意度平均值为44.96，30～39岁年龄段教师对学校发展教师教学学术能力激励制度的满意度平均值为43.20，40～49岁年龄段教师对学校发展教师教学学术能力激励制度的满意度平均值为43.72，50～59岁年龄段教师对学校发展教师教学学术能力激励制度的满意度平均值为45.77。从总体来看，低年龄段和高年龄段教师对学校发展教学学术能力的激励制度的整体满意度明显高于其他两个年龄段。其中，50～59岁年龄段的教师对学校教学学术能力激励制度的满意度最高，30～39岁年龄段的教师对学校教学学术能力激励制度的满意度最低。

二、从学历的维度比较教师对学校教学学术能力激励制度的满意度

从总体上看，20～29岁和30～39岁年龄段具有博士学位的教师对学校发展教师教学学术能力的激励制度的满意度高于仅具有硕士学位和仅具有本科学历的教师。其中，20～29岁年龄段具有博士学位的教师的满意度最高，50～59岁年龄段具有硕士学位的教师的满意度次之，30～39岁年龄段仅具有本科学历的教师的满意度最低。

三、从职称的维度比较教师对学校教学学术能力激励制度的满意度

在30～39岁和40～49岁年龄段，具有教授（研究员）职称的教师对学校发展教师的教学学术能力激励制度的满意度明显高于具有其他职称的教师；具有副教授（副研究员）和讲师职称的教师的满意度之间差异不明显，具有助教职称的教师的满意度最低。40～49岁年龄段具有讲师职称的教师的满意度比本职称其他年龄段的教师的满意度低；50～59岁年龄段具有讲师职称的教师的满意度比本职称其他年龄段的教师的满意度高。30～39岁年龄段和

50～59岁年龄段仅具有助教职称的教师的满意度明显比其他年龄段和具有其他职称的教师的满意度低。

四、从学科专业的维度比较教师对学校教学学术能力激励制度的满意度

根据调查数据可以看出，文科专业的教师对学校发展教师的教学学术能力的激励制度的平均满意度为42.95，理科专业的教师对学校发展教师的教学学术能力的激励制度的平均满意度为44.83，工科专业的教师对学校发展教师的教学学术能力的激励制度的平均满意度为44.48。文科专业教师对学校发展教师的教学学术能力的激励制度的满意度比其他两个学科低，理科和工科专业的教师对学校发展教师教学学术能力激励制度的总体满意度差异不明显，其中20～29岁年龄段工科专业教师的满意度最高，30～39岁年龄段文科专业教师的满意度最低。

五、从地域的维度比较教师对学校教学学术能力激励制度的满意度

发达地区地方高校教师对学校发展教师教学学术能力激励制度的满意度平均值为46.49，中部地区为44.16，欠发达地区为41.78；发达地区地方高校教师对学校发展教师教学学术能力激励制度的满意度明显高于中部地区和欠发达地区，欠发达地区教师的满意度明显低于发达地区和中部地区。另外，从调查的数据还可以发现：发达地区50～59岁年龄段教师的满意度最高；欠发达地区30～39岁年龄段教师的满意度最低。

第五章 地方高校教师教学学术能力的影响因素分析

第一节 人口个性特征对教师教学学术能力的影响

一、不同人口个性特征的教师教学学术能力差异的比较

(一)不同年龄段教师教学学术能力之间的差异比较

1. 数据分布情况

不同年龄段教师教学学术能力的正态分布测试结果如表5-1所示。

表5-1 正态分布测试(不同年龄段)

年龄段	柯尔莫戈洛夫-斯米诺夫(Kolmogorov–Smirnoff) 统计	自由度	显著性	夏皮洛-威尔克(Shapiro–Wilke) 统计	自由度	显著性
20～29 岁	0.215	25	0.004	0.915	25	0.039
30～39 岁	0.050	118	0.200*	0.990	118	0.583
40～49 岁	0.069	94	0.200*	0.986	94	0.449
50～59 岁	0.145	31	0.095	0.946	31	0.120

注:1.* 为真实显著性的下限。
　　2.a 为 Rielly 显著校正。

2. 秩的检验

不同年龄段教师教学学术能力的秩的检验结果如表5-2所示。

表5-2　秩的检验（不同年龄段）

年龄段	指标	
	样本数量	秩均值
20～29岁	25	82.04
30～39岁	118	137.56
40～49岁	94	143.20
50～60岁	31	138.77

3. 差异性检验

不同年龄段教师教学学术能力的差异性检验结果如表5-3所示。

表5-3　差异性检验（不同年龄段）

分组变量	指标		
	克鲁斯卡尔-沃利斯（Kruskal-Wallis）	自由度	渐近显著性
年龄段	12.931	3	0.005

从表5-1中可以看出，20～29岁年龄段教师的教学学术能力不服从正态分布（Kolmogorov-Smirnoff的显著性为0.004，小于0.05）。因此，本书采用非参数检验方法来判断不同年龄段教师教学学术能力的差异。

从表5-2中可以看出，20～29岁的秩均值与其他组有显著差异，而其他组之间没有显著差异。从表5-3中可以看出，不同年龄段教师的教学学术能力存在显著差异（渐进显著性为0.005，小于0.05）。

（二）不同地域教师教学学术能力之间的差异比较

1. 数据分布情况

不同地域教师教学学术能力的正态分布测试结果如表5-4所示。

表5-4　正态分布测试（不同地域）

类别	Kolmogorov–Smirnoff（a）			Shapiro–Wilke		
	统计	自由度	显著性	统计	自由度	显著性
发达地区	0.088	65	0.200*	0.979	65	0.352
中部地区	0.052	104	0.200*	0.973	104	0.040
欠发达地区	0.090	99	0.044	0.979	99	0.106

注：1.* 为真实显著性的下限。
　　2.a 为 Rielly 显著校正。

2. 秩的检验

不同地域教师教学学术能力的秩的检验结果如表5-5所示。

表5-5　秩的检验（不同地域）

类别	指标	
	样本数量	秩均值
发达地区	65	146.57
中部地区	104	135.53
欠发达地区	99	125.49

3. 差异性检验

不同地域教师教学学术能力的差异性检验结果如表5-6所示。

表5-6　差异性检验（不同地域）

分组变量	指标		
	Kruskal–Wallis	自由度	渐近显著性
工作地域	12.934	2	0.031

从表 5-4 中可以看出，欠发达地区教师的教学学术能力不服从正态分布（Kolmogorov-Smirnoff 的显著性为 0.044，小于 0.05）。针对上述情况，本书采用非参数检验方法来判断不同地域教师教学学术能力的差异。

从表 5-5 中可以看出，不同地区的秩均值存在显著差异，特别是发达地区的秩均值显著高于欠发达地区。从表 5-6 中可以看出，不同地区教师的教学学术能力存在显著差异（渐近显著性为 0.031，小于 0.05）。

（三）不同职称教师教学学术能力之间的差异比较

1. 数据分布情况

不同职称教师教学学术能力的正态分布测试结果如表 5-7 所示。

表5-7　正态分布测试（不同职称）

类别	Kolmogorov-Smirnoff（a）			Shapiro-Wilke		
	统计	自由度	显著性	统计	自由度	显著性
教授（研究员）	0.183	26	0.025	0.912	26	0.029
副教授（副研究员）	0.083	104	0.075	0.982	104	0.167
讲师	0.068	121	0.200*	0.989	121	0.443
助教	0.151	17	0.200*	0.968	17	0.783

注：1. * 为真实显著性的下限。
　　2. a 为 Rielly 显著校正。

2. 秩的检验

不同职称教师教学学术能力的秩的检验结果如表 5-8 所示。

表5-8 秩的检验（不同职称）

类别	指标	
	样本数量	秩均值
教授（研究员）	26	184.50
副教授（副研究员）	104	157.15
讲师	121	115.13
助教	17	57.29

3. 差异性检验

不同职称教师教学学术能力的差异性检验结果如表5-9所示。

表5-9 差异性检验（不同职称）

分组变量	指标		
	Kruskal-Wallis	自由度	渐近显著性
职称	44.179	3	0.000

从表5-7中可以看出，具有教授（研究员）职称的教师的教学学术能力不服从正态分布（Kolmogorov-Smirnoff的显著性为0.025，小于0.05），因此本书采用非参数检验方法来判断不同职称教师教学学术能力的差异。从表5-8中可以看出，具有教授（研究员）或助教职称的教师的秩均值与其他群体有显著差异。从表5-9中可以看出，不同职称的教师在教学学术能力上存在显著差异（渐近显著性为0.000，小于0.05）。由于具有副教授（副研究员）、讲师或助教职称的教师的教学学术能力服从正态分布，因此本书在均值比较中使用误差方差的等同性检验对三者进行了配对比较，以分析其差异，结果如表5-10所示。

表5-10　误差方差的等同性检验（不同职称）

类别	指标			
	Levin 统计	自由度 1	自由度 2	显著性
基于平均值	0.394	3	264	0.757
基于中位数	0.334	3	264	0.801
基于中位数和调整后的自由度	0.334	3	246.086	0.801
基于修正后的平均值	0.386	3	264	0.763

从表 5-10 中可以看出，"三个职称组之间的方差是同质的"这一假设并不成立（基于平均值的显著性为 0.757，大于 0.05）。

表 5-11 给出了不同职称的方差分析，从表 5-11 中可以看出，职称的方差分析结果具有极显著的意义（显著性为 0.000，小于 0.05），表明职称为副教授（副研究员）、讲师或助教的教师的教学学术能力至少在 2 组的平均值之间存在显著差异。为了弄清楚它们之间的区别，本书采用单因素分析法对三者进行了多重比较分析，结果如表 5-12 所示。

表5-11　方差分析（不同职称）

类别	指标				
	平方和	自由度	均方差	F 值	显著性
组间	5 195.299	3	1 731.766	18.344	0.000
分组	24 922.701	264	94.404	—	—

表5-12 多重比较（不同职称）

职称（I）	职称（J）	平均差值（I−J）	标准误差	显著性	下限	上限
教授（研究员）	副教授（副研究员）	3.211 54	2.130 34	0.133	−0.983 2	7.406 3
	讲师	8.508 90*	2.100 27	0.000	4.373 5	12.644 3
	助教	18.622 17*	3.030 53	0.000	12.655 1	24.589 3
副教授（副研究员）	教授（研究员）	−3.211 54	2.130 41	0.133	−7.406 2	0.983 2
	讲师	5.297 36*	1.299 20	0.000	2.739 2	7.855 5
	助教	15.410 63*	2.541 83	0.000	10.405 8	20.415 5
讲师	教授（研究员）	−8.508 90*	2.100 27	0.000	−12.644 3	−4.373 5
	副教授（副研究员）	−5.297 36*	1.299 20	0.000	−7.855 5	−2.739 2
	助教	10.113 27*	2.516 62	0.000	5.158 1	15.068 5
助教	教授（研究员）	−18.622 17*	3.030 43	0.000	−24.589 3	−12.655 1
	副教授（副研究员）	−15.410 63*	2.541 83	0.000	−20.415 5	−10.405 8
	讲师	−10.113 27*	2.516 62	0.000	−15.068 5	−5.158 1

注：*表示平均值之间差异的显著性水平为0.05。

从表5-12中可以看出，教授（研究员）和副教授（副研究员）的教学学术能力没有显著差异（显著性为0.133，大于0.05），而教授（研究员）和讲师或助教的教学学术能力有显著差异（显著性为0.000，小于0.05）；副教授（副研究员）与讲师或助教在教学学术能力上也存在显著差异（显著性为0.000，小于0.05）。

（四）不同学历教师教学学术能力之间的差异比较

表5-13给出了不同学历教师教学学术能力的正态分布测试结果，从表5-13可以看出，不同学历教师的教学学术能力完全服从正态分布（Kolmogorov-Smirnoff的显著性为0.200，大于0.05）。因此，本书使用误差方差的等同性检验来检验不同学历教师的教学学术能力均值之间是否存在显著差异，结果如表5-14所示。

表5-13 正态分布测试（不同学历）

类别	Kolmogorov-Smirnoff（a）			Shapiro-Wilke		
	统计数字	自由度	显著性	统计数字	自由度	显著性
博士	0.077	78	0.200*	0.981	78	0.289
硕士	0.046	173	0.200*	0.991	173	0.312
本科	0.119	17	0.200*	0.960	17	0.636

注：1.*为真实显著性的下限。
2.a为Rielly显著校正。

表5-14 误差方差的等同性检验（不同学历）

类别	指标			
	Levin统计	自由度1	自由度2	显著性
基于平均值	9.609	2	265	0.000
基于中位数	8.937	2	265	0.000
基于中位数和调整后的自由度	8.937	2	225.184	0.000

续 表

类别	指标			
	Levin 统计	自由度 1	自由度 2	显著性
基于修正后的平均值	9.715	2	265	0.000

从表 5-14 中可以看出，不同学历之间的方差是非齐性的（显著性为 0.000，小于 0.05）。然而，当使用 Brown-Forsyth 进行均值稳健性检验时，从检验结果（表 5-15）中可以看出，检验的结果没有显著差异（显著性为 0.159，大于 0.05）。因此，本书可以认为，不同学历教师的教学学术能力是没有显著差异的。

表5-15　均值稳健性检验（学历）

类别	指标			
	统计	自由度 1	自由度 2	显著性
Brown-Forsythe	1.963	2	28.524	0.159

（五）不同学科专业教师教学学术能力之间的差异比较

1. 数据分布情况

不同学科专业教师教学学术能力的正态分布测试结果如表 5-16 所示。

表5-16　正态分布测试（学科专业）

类别	Kolmogorov-Smirnoff（a）			Shapiro-Wilke		
	统计	自由度	显著性	统计	自由度	显著性
文科	0.061	132	0.200*	0.986	132	0.206
理科	0.069	90	0.200*	0.985	90	0.381

续表

类别	指标					
	Kolmogorov–Smirnoff（a）			Shapiro–Wilke		
	统计	自由度	显著性	统计	自由度	显著性
工科	0.134	46	0.037	0.941	46	0.021

注：1.* 为真实显著性的下限。

2.a 为 Rielly 显著校正。

2. 秩的检验

不同学科专业教师教学学术能力的秩的检验结果如表 5-17 所示。

表5-17　秩的检验（学科专业）

类别	指标	
	样本数量	秩均值
文科	132	132.96
理科	90	125.70
工科	46	156.13

3. 差异性检验

不同学科专业教师教学学术能力的差异性检验结果如表 5-18 所示。

表5-18　差异性检验（学科专业）

分组变量	指标		
	Kruskal–Wallis	自由度	渐近显著性
学科专业	4.800	2	0.091

从表 5-16 中可以看出，文科和理科专业的教师的教学学术能力完全服从正态分布（Kolmogorov-Smirnoff 的显著性为 0.200，大于 0.05），但工科专业的教师的教学学术能力不服从正态分布（Kolmogorov-Smirnoff 的显著性为 0.037，小于 0.05）。因此，本书采用非参数检验方法来判断不同学科专业教师教学学术能力的差异。

从表 5-17 中可以看出，工科专业的秩均值明显大于其他两个专业。从表 5-18 中可以看出，不同学科专业教师的教学学术能力没有显著差异（渐近显著性为 0.091，小于 0.05）。

（六）简要总结

基于以上检验，本书可以得到以下结论。

第一，20～29 岁年龄段教师的教学学术能力与其他年龄段教师有显著差异。

第二，不同地域教师的教学学术能力存在明显差异。

第三，具有教授（研究员）和副教授（副研究员）职称的教师的教学学术能力没有明显差异，但具有教授（研究员）、副教授（副研究员）职称教师的教学学术能力与讲师、助教有显著差异。

第四，不同学历的教师在教学学术能力上没有显著差异。

第五，不同学科专业教师的教学学术能力没有显著差异。

二、不同人口个性特征之间的相互作用对教师教学学术能力的影响

从前面的测试中可以看出，20～29 岁年龄段教师、欠发达地区教师、工科专业教师和具有教授（研究员）职称的教师的教学学术能力不服从正态分布，其他条件下教师的教学学术能力服从正态分布。由于多元方差分析对因变量不服从正态分布的假设是稳健的，因此如果因变量部分不服从正态分布，则可以使用交互式多因素方差分析。

表 5-19 给出了人口个性特征的误差方差的等同性检验结果，从表 5-19

中可以看出，5个主要因素及其相互作用项目在每个水平上的方差是有显著差异的。

表5-19　误差方差的等同性检验
（人口个性特征）

类别	指标			
	Levin 统计	自由度1	自由度2	显著性
基于平均值	2.787	53	157	0.000
基于中位数	1.160	53	157	0.240
基于中位数和调整后的自由度	1.160	53	72.182	0.276
基于修正后的平均值	2.647	53	157	0.000

表5-20给出了人口个性特征的方差分析结果，从表5-20中可以看出：第一，不同年龄段、不同工作地域和不同学科专业的教师的教学学术能力的差异不显著（显著性分别为0.106、0.907和0.200，均大于0.05），不同职称和不同学历教师的教学学术能力的差异显著（显著性分别为0.000和0.004，均小于0.05）；第二，教师的教学学术能力在年龄与职称相互作用后是有显著差异的（显著性为0.012，小于0.05）；第三，职称与学历相互作用后教师的教学学术能力是有显著差异的（显著性为0.005，小于0.05）；第四，教师的教学学术能力在年龄、地域、职称和学历相互作用后呈现非齐性变化；第五，教师的教学学术能力在年龄、地域、职称和专业相互作用后是有显著差异的；第六，教师的教学学术能力在年龄、职称、学历和专业相互作用后的变化是有显著差异的；第七，教师的教学学术能力在年龄、地域、职称、学历和专业相互作用后的变化是有显著差异的。

表5-20 方差分析（人口个性特征）

因变量：教学学术能力

类别	平方和	自由度	均方差	F值	显著性	Partial Eta square	非中心参数	测量权重
改进后的模型	19 104.365	110	173.677	2.477	0.000	0.634	272.334	1.000
节点增量	173 352.000	1	173 352.000	2 471.1	0.000	0.940	2 471.134	1.000
Q1	438.517	3	145.172	2.069	0.106	0.038	6.208	0.522
Q2	13.750	2	6.875	0.098	0.907	0.001	0.196	0.065
Q3	1 812.086	3	604.032	8.610	0.000	0.141	25.831	0.994
Q4	798.815	2	399.410	5.694	0.004	0.068	11.387	0.858
Q5	228.461	2	114.230	1.628	0.200	0.020	3.257	0.340
Q1*Q2	774.192	6	129.032	1.839	0.095	0.066	11.036	0.674
Q1*Q3	789.201	3	263.070	3.750	0.012	0.067	11.250	0.803
Q1*Q4	317.171	5	63.434	0.904	0.480	0.028	4.521	0.318
Q1*Q5	521.975	6	86.996	1.240	0.289	0.045	7.441	0.478

续 表

因变量：教学学术能力

类别	平方和	自由度	均方差	F值	显著性	Partial Eta square	非中心参数	测量权重
Q2*Q3	487.051	6	81.175	1.170	0.333	0.042	6.943	0.447
Q2*Q4	235.775	3	78.592	1.120	0.343	0.021	3.361	0.298
Q2*Q5	433.885	4	108.478	1.536	0.191	0.038	6.185	0.470
Q3*Q4	1 073.780	4	268.450	3.824	0.005	0.089	15.307	0.888
Q3*Q5	42.813	4	10.707	0.153	0.962	0.004	0.610	0.081
Q4*Q5	96.915	2	48.456	0.691	0.503	0.009	1.387	0.165
Q1*Q2*Q3	13.100	2	6.550	0.093	0.911	0.001	0.186	0.064
Q1*Q2*Q4	185.223	3	61.741	0.880	0.453	0.017	2.506	0.228
Q1*Q2*Q5	273.669	4	68.417	0.975	0.423	0.024	3.954	0.308
Q1*Q3*Q4	1.830	1	1.830	0.026	0.872	0.000	0.026	0.053
Q1*Q3*Q5	93.513	3	31.171	0.444	0.722	0.008	1.330	0.138
Q1*Q4*Q5	89.037	2	44.518	0.635	0.531	0.008	1.269	0.155

续表

因变量：教学学术能力

类别	平方和	自由度	均方差	F值	显著性	Partial Eta square	非中心参数	测量权重
Q2*Q3*Q4	284.759	2	142.380	2.030	0.135	0.025	3.749	0.386
Q2*Q3*Q5	436.012	4	109.002	1.554	0.189	0.038	6.214	0.472
Q2*Q4*Q5	246.878	4	61.719	0.880	0.478	0.022	3.671	0.287
Q3*Q4*Q5	197.121	3	65.707	0.937	0.424	0.018	2810	0.253
Q1*Q2*Q3*Q4	0.000	0	—	—	—	0.000	0.000	—
Q1*Q2*Q3*Q5	0.000	0	—	—	—	0.000	0.000	—
Q1*Q2*Q4*Q5	78.495	1	78.495	1.119	0.292	0.007	1.116	0.183
Q1*Q3*Q4*Q5	0.000	0	—	—	—	0.000	0.000	—
Q2*Q3*Q4*Q5	2.394	1	2.394	0.034	0.854	0.000	0.034	0.054
Q1*Q2*Q3*Q4*Q5	0.000	0	—	—	—	0.000	0.000	—

注：1. R^2=0.634（调整的 R^2=0.376）。

2. Q1、Q2、Q3、Q4、Q5代表问卷中的问题，详见调查表。

第五章 地方高校教师教学学术能力的影响因素分析

根据表5-20中的方差分析结果，并结合前面总结的教师人口个性特征相关变量对教师教学学术能力影响的差异，本书可进一步判断教师人口个性特征之间的相互关系对教师教学学术能力的影响。

（一）年龄与地域的相互作用对教师教学学术能力的影响

1. 数据分析

表5-21给出了年龄与地域的误差方差的等同性检验结果，从表5-21中可以看出，由教师年龄和教师工作单位所在地域形成的12个"相互作用"变量之间的方差是有显著差异的（基于平均值的显著性为0.006，小于0.05）。

表5-21　误差方差的等同性检验

类别	指标			
	Levin 统计	自由度1	自由度2	显著性
基于平均值	2.449	11	256	0.006
基于中位数	2.101	11	256	0.021
基于中位数和调整后的自由度	2.101	11	207.507	0.022
基于修正后的平均值	2.482	11	255	0.007

表5-22给出了年龄与地域的均值稳健性检验结果，从表5-22中可以看出，方差仍然是异质性的（显著性为0.032，小于0.05），12个组合的教师教学学术能力的平均值与至少2个组合的教师教学学术能力的平均值之间存在显著差异。

表5-22　均值稳健性检验
（年龄与地域）

类别	指标			
	统计	自由度1	自由度2	显著性
Brown-Forsythe	2.033	11	109.749	0.032

由于年龄和地域之间的相互作用使教师在12个组合中的教学学术能力存

在不均匀的方差，因此本书使用单因素方差分析，即成对比较工具和 Tamhane 的 T2 方法来比较教师在 12 个组合中的平均教学学术能力之间的差异，结果如表附录–1 所示。

2. 研究总结

由上述分析结果可知，欠发达地区 20～29 岁年龄段教师的教学学术能力的平均值为 44.36；发达地区 30～39 岁年龄段教师的教学学术能力的平均值为 57.04；中部地区 40～49 岁年龄段教师的教学学术能力的平均值为 55.08。可以看出，欠发达地区 20～29 岁年龄段教师的教学学术能力与发达地区 30～39 岁年龄段教师和中部地区 40～49 岁年龄段教师的教学学术能力存在显著差异。

（二）年龄与职称的相互作用对教师教学学术能力的影响

1. 数据分析

表 5-23 给出了年龄与职称的误差方差的等同性检验结果，从表 5-23 中可以看出，年龄和职称形成的"相互作用"变量的 16 个水平之间的方差是均匀的（基于平均值的显著性为 0.208，大于 0.05）。因此，本书使用单因素方差分析的成对比较命令和 LSD 方法对 16 个组合的教学学术能力的平均值进行比较，结果如表附录–2 所示。表 5-24 给出了年龄与职称相互作用对教师教学学术能力的影响，表附录–2 仅统计了有显著差异的 10 个组合的相关结果。

表5-23 误差方差的等同性检验
（年龄与职称）

类别	指标			
	Levin 统计	自由度 1	自由度 2	显著性
基于平均值	1.357	9	255	0.208
基于中位数	1.092	9	255	0.369
基于中位数和调整后的自由度	1.092	9	222.249	0.369
基于修正后的平均值	1.345	9	255	0.214

表5-24 年龄与职称相互作用对教师教学学术能力的影响

类别		职称 A 20~29岁	A 30~39岁	A 40~49岁	A 50~59岁	B 20~29岁	B 30~39岁	B 40~49岁	B 50~59岁	C 20~29岁	C 30~39岁	C 40~49岁	C 50~59岁	D 20~29岁	D 30~39岁	D 40~49岁	D 50~59岁
20~29岁	A																
	B							1		1							
	C							1			1						
	D																
30~39岁	A				1												
	B					1		1		1	1	1			1		
	C							1	1	1	1	1	1			1	
	D																

081

续 表

类别		A 20~29岁	A 30~39岁	A 40~49岁	A 50~59岁	B 20~29岁	B 30~39岁	B 40~49岁	B 50~59岁	C 20~29岁	C 30~39岁	C 40~49岁	C 50~59岁	D 20~29岁	D 30~39岁	D 40~49岁	D 50~59岁
40~49岁	A																
	B							1									
	C							1										
	D														1		
50~59岁	A																
	B							1									
	C										1							
	D															1	

注：1. A 为教授（研究员）；B 为副教授（副研究员）；C 为讲师；D 为助教。
2. "1" 表示显著不同。

2. 研究总结

由上述分析结果可知，50～59岁具有教授（研究员）职称的教师的教学学术能力与具有较低职称的各年龄段教师的教学学术能力有显著差异，前者的教学学术能力的平均值为66.70，后者为49.51，前者明显高于后者。

在各个年龄段，30～39岁具有副教授（副研究员）职称的教师的教学学术能力与具有较低职称的教师的教学学术能力有显著差异，前者的教学学术能力的平均值为62.10，前者显著高于后者。

40～49岁具有副教授（副研究员）职称的教师的教学学术能力与30～39岁具有副教授（副研究员）职称的教师的教学学术能力有显著差异，前者的教学学术能力的平均值为53.49，后者的平均值为62.10，前者明显低于后者。

30～39岁具有副教授（副研究员）职称的教师的教学学术能力与50～59岁具有教授（研究员）、副教授（副研究员）职称的教师的教学学术能力存在显著差异，前者的教学学术能力的平均值为62.10，后者为49.18，前者显著高于后者。

（三）年龄和学历的相互作用对教师教学学术能力的影响

1. 数据分析

表5-25给出了年龄与学历的误差方差的等同性检验结果，从表5-25中可以看出，由年龄和学历组成的"相互作用"变量的12个水平之间的方差是有显著差异的（基于平均值的显著性为0.000，小于0.05）。但均值稳健性检验结果（表5-26）表明，Brown-Forsyth的显著性水平为0.211，大于0.05，可以看出方差是均匀的。因此，本书使用单因素方差分析的成对比较命令和LSD方法对12个组合的平均教学学术能力进行了比较，结果如表附录-3所示。同样，表附录-3只统计了具有显著差异的11个统计结果。

表5-25 误差方差的等同性检验

（年龄与学历）

类别	指标			
	Levin 统计	自由度1	自由度2	显著性
基于平均值	3.617	10	256	0.000
基于中位数	3.516	10	256	0.000
基于中位数和调整后的自由度	3.516	10	221.992	0.000
基于修正后的平均值	3.626	10	256	0.000

表5-26 均值稳健性检验

（年龄与学历）

类别	指标			
	统计	自由度1	自由度2	显著性
Brown-Forsythe	1.711	10	9.441	0.211

2. 研究总结

由上述分析结果可知，20～29岁具有博士学位的教师（教学学术能力的平均值为56.67）与20～29岁仅具有硕士学位的教师（教学学术能力的平均值为42.67）的教学学术能力存在显著差异，前者明显高于后者。

20～29岁仅具有硕士学位的教师（教学学术能力的平均值为42.67）与30～39岁具有博士、硕士和仅有本科学历的教师（教学学术能力的平均值分别为53.68、53.41、60.00）以及40～49岁具有博士学位和仅具有硕士学位的教师（教学学术能力的平均值分别为57.31、53.16）的教学学术能力存在显著差异。

（四）年龄与学科专业的相互作用对教师教学学术能力的影响

1. 数据分析

表5-27给出了年龄与学科专业的误差方差的等同性检验结果，从表5-27中可以看出，由年龄和学科专业组成的"相互作用"变量的12个水平之间的方差是均匀的（基于平均值的显著性为0.642，大于0.05）。因此，本书使用单因素方差分析的成对比较命令和LSD方法来比较12个教师组合的教学学术能力的平均值，结果如表附录-4所示。

表5-27　误差方差的等同性检验
（年龄与学科专业）

类别	指标			
	Levin 统计	自由度1	自由度2	显著性
基于平均值	0.798	11	256	0.642
基于中位数	0.395	11	256	0.957
基于中位数和调整后的自由度	0.395	11	142.401	0.957
基于修正后的平均值	0.686	11	256	0.752

2. 研究总结

由上述分析结果可知，20～29岁文科专业的教师的教学学术能力（平均值为44.54）与30～39岁和40～49岁文科、理科和工科年龄段各专业教师的教学学术能力（平均值分别为53.80、52.17、55.96、54.80、51.85、56.92）存在显著差异；20～29岁文科专业教师的教学学术能力与50～59岁理科专业教师的教学学术能力（平均值为57.00）也存在显著差异。20～29岁理科专业教师的教学学术能力（平均值为47.30）与30～39岁和40～49岁工科专业教师（平均值分别为55.96和56.92）存在显著差异；20～29岁理科专业教师与40～49岁文科专业的教师的教学学术能力（平均值为54.80）之间也存在显著差异。

(五) 地域与职称的相互作用对教师教学学术能力的影响

1. 数据分析

表5-28给出了地域与职称的误差方差的等同性检验结果，从表5-28中可以看出，由地域和职称组成的12个层次的"相互作用"变量之间的方差并不均匀（基于平均值的显著性为0.002，小于0.05）。而从均值稳健性检验结果（表5-29）中可以看出，方差仍然是异质的（显著性为0.000，小于0.05），12个层次水平的教师的教学学术能力的差异并不均匀，至少2个水平的教学学术能力均值之间存在显著差异。因此，本书使用单因素方差分析的成对比较命令和Tamhane的T2方法来比较12个组合中教师的教学学术能力的平均值，结果如表附录-5所示。

表5-28 误差方差的等同性检验
（地域与职称）

类别	指标			
	Levin统计	自由度1	自由度2	显著性
基于平均值	2.785	11	256	0.002
基于中位数	2.379	11	256	0.008
基于中位数和调整后的自由度	2.379	11	193.520	0.009
基于修正后的平均值	2.764	11	256	0.002

表5-29 均值稳健性检验
（地域与职称）

类别	指标			
	统计	自由度1	自由度2	显著性
Brown-Forsythe	5.716	11	42.696	0.000

2. 研究总结

由上述分析可知，发达地区具有教授（研究员）职称的教师的教学学术能力（平均值为 62.15）与发达地区、中部地区和欠发达地区仅具有讲师职称的教师的教学学术能力（平均值分别为 49.81、51.87 和 49.85）以及欠发达地区仅具有助教职称的教师的教学学术能力（平均值为 40.91）存在显著差异；发达地区具有副教授（副研究员）职称的教师的教学学术能力（平均值为 57.62）与欠发达地区仅具有助教职称的教师的教学学术能力（平均值为 40.91）存在显著差异；中部地区具有副教授（副研究员）职称的教师的教学学术能力（平均值为 56.38）与欠发达地区仅具有讲师和助教职称的教师的教学学术能力（平均值分别为 49.85 和 40.91）存在显著差异；欠发达地区具有副教授（副研究员）职称的教师的教学学术能力（平均值为 55.00）与欠发达地区仅具有助教职称的教师的教学学术能力（平均值为 40.91）存在显著差异。

（六）地域与学历的相互作用对教师教学学术能力的影响

1. 数据分析

表 5-30 给出了地域与学历的误差方差的等同性检验结果，从表 5-30 中可以看出，由地域和学历组成的 9 个层次水平的"相互作用"变量之间的方差并不均匀（基于平均值的显著性为 0.008，小于 0.05）。而从均值稳健性检验结果（表 5-31）中可以看出，方差是均匀的（显著性为 0.110，大于 0.05），9 个层次水平的教师的教学学术能力的方差是均匀的。因此，本书使用单因素方差分析的成对比较命令和 LSD 方法来比较 9 个组合中教师教学学术力的平均值，结果如表附录 -6 所示。

表 5-30　误差方差的等同性检验

（地域与学历）

类别	指标			
	Levin 统计	自由度 1	自由度 2	显著性
基于平均值	2.638	8	259	0.008

续 表

类别	指标			
	Levin 统计	自由度 1	自由度 2	显著性
基于中位数	2.235	8	259	0.025
基于中位数和调整后的自由度	2.235	8	194.207	0.027
基于修整后的平均值	2.676	8	259	0.008

表5-31 均值稳健性检验
（地域与学历）

类别	指标			
	统计	自由度 1	自由度 2	显著性
Brown-Forsythe	1.941	8	19.924	0.110

2. 研究总结

由上述分析可知，发达地区具有博士学位的教师的教学学术能力（平均值为58.24）与发达地区和欠发达地区具有硕士学位的教师的教学学术能力（平均值分别为51.90和51.70）之间存在显著差异；同时，发达地区具有博士学位的教师与欠发达地区只有本科学历的教师的教学学术能力（平均值为44.78）也存在显著差异。

发达地区仅具有本科学历的教师的教学学术能力（平均值为68.67）与发达地区、中部地区和欠发达地区具有硕士学位的教师的教学学术能力（平均值分别为51.90、52.98、51.70）存在显著差异；发达地区仅有本科学历的教师的教学学术能力与中部地区和欠发达地区仅具有本科学历的教师的教学学术能力（平均值分别为49.40和44.78）相比也存在显著差异；发达地区仅有本科学历的教师的教学学术能力与欠发达地区和中部地区具有博士学位的教师的教学学术能力（平均值分别为55.63和53.85）也存在显著差异。

中部地区具有博士学位的教师的教学学术能力（平均值为53.85）与欠发

达地区仅有本科学历的教师的教学学术能力（平均值为44.78）存在显著差异；中部地区具有硕士学位的教师的教学学术能力（平均值为52.98）与欠发达地区仅有本科学历的教师的教学学术能力（平均值为44.78）有显著差异。

欠发达地区具有博士学位的教师的教学学术能力（平均值为55.63）与发达地区和欠发达地区只有本科学历的教师的教学学术能力（平均值分别为68.67和44.78）有显著差异。

（七）地域与学科专业的相互作用对教师教学学术能力的影响

1. 数据分析

表5-32给出了地域与学科专业的误差方差的等同性检验结果，从表5-32中可以看出，地域和学科专业组成的9个"相互作用"变量之间的方差是均匀的（基于平均值的显著性为0.063，大于0.05）。而从均值稳健性检验结果（表5-33）中可以看出，方差仍然是均匀的（显著性为0.334，大于0.05）。因此，本书使用单因素方差分析的成对比较命令和LSD方法来比较9个组合中教师教学学术水平的平均值，结果如表附录-7所示。

表5-32 误差方差的等同性检验

（地域与学科专业）

类别	指标			
	Levin统计	自由度1	自由度2	显著性
基于平均值	1.883	8	259	0.063
基于中位数	1.442	8	259	0.179
基于中位数和调整后的自由度	1.442	8	232.618	0.180
基于修正后的平均值	1.834	8	258	0.071

表5-33 均值稳健性检验

(地域与学科专业)

类别	指标			
	统计	自由度1	自由度2	显著性
Brown-Forsythe	1.149	8	162.035	0.334

2. 研究总结

由上述分析可知，发达地区工科专业的教师的教学学术能力（平均值为59.29）与中部地区理科专业的教师的教学学术能力（平均值为52.05）存在显著差异；发达地区工科专业的教师的教学学术能力与欠发达地区文科和理科专业的教师的教学学术能力（平均值分别为52.13和49.93）之间也存在显著差异。

(八) 职称与学历的相互作用对教师教学学术能力的影响

1. 数据分析

表5-34给出了职称与学历的误差方差的等同性检验结果，从表5-34中可以看出，由职称和学历组成的12个层次水平的"相互作用"变量之间的方差是同质的（基于平均值的显著性为0.065，大于0.05），12个层次的教师的教学学术能力之间的方差也是同质的。因此，本书使用单因素方差分析的成对比较命令和LSD方法来比较12个组合中教师的教学学术能力的平均值，结果如表附录-8所示。

表5-34 误差方差的等同性检验

(职称与学历)

类别	指标			
	Levin统计	自由度1	自由度2	显著性
基于平均值	1.739	11	256	0.065
基于中位数	1.575	11	256	0.106

续　表

类别	指标			
	Levin 统计	自由度 1	自由度 2	显著性
基于中位数和调整后的自由度	1.575	11	217.224	0.107
基于修正后的平均值	1.744	11	256	0.064

教师职称与学历的相互作用对教师教学学术能力的影响如表 5-35 所示。

表5-35 职称与学历的相互作用对教师教学学术能力的影响

类别		指标 A 博士	A 硕士	A 本科	B 博士	B 硕士	B 本科	C 博士	C 硕士	C 本科	D 博士	D 硕士	D 本科
博士	A		1					1	1			1	1
	B			1	1			1				1	1
	C	1							1			1	1
	D	1	1							1		1	1
硕士	A	1		1		1			1			1	1
	B	1	1	1		1		1	1	1		1	1
	C	1		1		1	1			1	1		
	D	1	1	1		1	1			1	1		
本科	A	1	1	1		1	1	1				1	1
	B	1	1	1		1	1	1	1			1	1
	C	1	1	1		1	1	1	1		1	1	
	D	1	1	1		1	1	1	1		1	1	

注：1. A为教授（研究员）；B为副教授（副研究员）；C为讲师；D为助教。
2. "1"表示显著不同。

2. 研究总结

由上述分析可知，具有博士学位的教授（研究员）的教学学术能力（平均值为 62.00）不仅与仅具有本科学历的教授的教学学术能力（平均值为 68.50）有显著差异，还与具有博士学位或仅具有硕士学位的讲师和助教的教学学术能力（平均值分别为 51.81、59.90、50.76 和 39.69）有显著差异；同时，具有博士学位的教授（研究员）与仅具有本科学历的讲师（平均值为 41.00）在教学学术能力上也存在显著差异。

具有硕士学位的教授（研究员）的教学学术能力（平均值为 53.60）与具有博士学位的教授（研究员）或仅具有本科学历的教师的教学学术能力（平均值分别为 62.00、68.50、55.44、41.00、28.00）有显著差异。

具有博士或硕士学位的副教授（副研究员）的教学学术能力（平均值分别为 56.68 和 55.91）与具有较低职称的教师（讲师和助教）的教学学术能力（平均值分别为 51.81、59.50、50.76 和 39.69）存在显著差异。

具有博士或硕士学位的讲师的教学学术能力（平均值分别为 51.81 和 50.76）与具有高职称和博士学位的教师（平均值分别为 62.00 和 56.68）和具有硕士学位的副教授（副研究员）（平均值为 55.91）的教学学术能力有显著差异。同时，具有博士或硕士学位的讲师的教学学术能力与仅具有本科学历的教师的教学学术能力（平均值分别为 68.50、55.44、41.00、28.00）也存在显著差异。

仅具有本科学历的讲师的教学学术能力（平均值为 41.00）与具有博士或硕士学位的教师的教学学术能力（平均值分别为 62.00、56.68、51.81、59.50、53.60、55.91、50.76、39.69）存在显著差异。

具有硕士学位或仅具有本科学历的助教的教学学术能力（平均值分别为 39.69 和 28.00）与其他职称和其他学位教师的教学学术能力水平之间也存在显著差异。

（九）职称与学科专业的相互作用对教师教学学术能力的影响

1. 数据分析

表 5-36 给出了职称与学科专业的误差方差的等同性检验结果，从表 5-36 中可以看出，职称与学科专业组成的 12 个层次水平的"相互作用"变量之间的方差并不均匀（基于平均值的显著性为 0.033，小于 0.05）。而从均值稳健性检验结果（表 5-37）中可以看出，方差是均匀的（显著性为 0.113，大于 0.05），12 个层次水平的教师的教学学术能力的方差是均匀的。因此，本书使用单因素方差分析的成对比较命令和 LSD 方法来比较 12 个组合中教师教学学术力的平均值，结果如表附录 -9 所示。

表5-36 误差方差的等同性检验
（职称与学科专业）

类别	指标			
	Levin 统计	自由度 1	自由度 2	显著性
基于平均值	1.960	11	256	0.033
基于中位数	1.932	11	256	0.036
基于中位数和调整后的自由度	1.932	11	231.115	0.036
基于修正后的平均值	1.958	11	256	0.033

表5-37 均值稳健性检验
（职称与学科专业）

类别	指标		
	统计	自由度 2	显著性
Brown-Forsythe	11	4.263	0.113

教师职称与学科专业的相互作用对教师教学学术能力的影响如表 5-38 所示。

表5-38 职称与学科专业的相互作用对教师教学学术能力的影响

类别		指标											
		A			B			C			D		
		文科	理科	工科	文科	理科	工科	文科	理科	工科	文科	理科	工科
文科	A							1	1			1	1
	B	1		1		1			1			1	1
	C		1	1		1							1
	D	1	1	1		1	1			1			
理科	A		1		1	1			1				
	B	1	1		1	1						1	
	C	1			1	1			1		1	1	
	D		1		1	1			1		1	1	1
工科	A	1		1		1	1						
	B			1		1					1		
	C	1							1				
	D	1	1		1	1		1					

注：1. A 为教授（研究员）；B 为副教授（副研究员）；C 为讲师；D 为助教。
2. "1" 表示显著不同。

2. 研究总结

由上述分析可知，文科专业教授（研究员）的教学学术能力（平均值为60.11）与各学科专业低职称教师（讲师、助教）的教学学术能力（平均值分别为51.47、50.30、49.94、41.64、40.00、36.50）之间存在显著差异；理科专业教授（研究员）的教学学术能力（平均值为54.90）与低职称教师和工科专业教授（研究员）的教学学术能力（平均值分别为51.47、50.30、49.94、41.64、40.00、36.50和64.43）有显著差异；工科专业教授（研究员）的教学学术能力（平均值为64.43）与副教授（副研究员）的教学学术能力（平均值分别为59.58）之间有显著差异；文科专业讲师和助教的教学学术能力（平均值分别为51.47和41.64）以及理科专业所有职称教师的教学学术能力（平均值依次为54.90、55.69、50.30和40.00），与工科专业讲师、助教的教学学术能力（平均值分别为49.94和36.50）也存在显著差异。

文科、理科和工科专业副教授（副研究员）的教学学术能力（平均值分别为55.08、55.69和59.58）与文科、理科和工科专业低职称教师（讲师和助教）的教学学术能力（平均值分别为51.47、41.64、50.30、40.00、49.94和36.50）存在显著差异。

文科专业讲师的教学学术能力（平均值为51.47）与各专业助教和工科专业高级职称教师（教授、副教授）的教学学术能力（平均值分别为41.64、40.00、36.50、64.43和59.58）存在显著差异；理科专业讲师（平均值为50.30）和各专业高级职称教师（教授、副教授）的教学学术能力（平均值分别为60.11、55.08、54.90、55.69、64.43、59.58）之间差异显著。

（十）学历与学科专业的相互作用对教师教学学术能力的影响

1. 数据分析

表5-39给出了学历与学科专业的误差方差的等同性检验结果，从表5-39中可以看出，由学历和学科专业组成的9个层次水平的"相互作用"变量之间的方差并不均匀（基于平均值的显著性为0.000，小于0.05）。而从均值稳健性检验结果（表5-40）中可以看出，方差是均匀的（显著性为0.314，大于

0.05），9个层次水平的教师教学学术能力的方差是均匀的。因此，本书使用单因素方差分析的成对比较命令和LSD方法来比较9个组合中教师教学学术力的平均值，结果如表附录-10所示。

表5-39 误差方差的等同性检验
（学历与学科专业）

类别	指标			
	Levin统计	自由度1	自由度2	显著性
基于平均值	4.768	8	259	0.000
基于中位数	4.185	8	259	0.000
基于中位数和调整后的自由度	4.185	8	167.084	0.000
基于修正后的平均值	4.709	8	259	0.000

表5-40 均值稳健性检验（学历与学科专业）

类别	指标			
	统计	自由度1	自由度2	显著性
Brown-Forsythe	1.353	8	10.957	0.314

2. 研究总结

由上述分析可知，文科专业具有博士学位的教师的教学学术能力（平均值为59.55）与文科专业具有硕士学位或文科专业仅有本科学历的教师的教学学术能力（平均值分别为52.08和47.40）之间存在显著差异；同时，文科专业具有博士学位的教师的教学学术能力与理科专业具有硕士学位的教师的教学学术能力（平均值为49.91）之间也存在显著差异。

理科专业具有硕士学位的教师的教学学术能力（平均值为49.91）与工科专业具有硕士学位的教师的教学学术能力（平均值为56.26）之间也存在显著差异。

工科专业具有硕士学位的教师的教学学术能力（平均值为 56.26）与文科专业仅具有本科学历的教师的教学学术能力（平均值为 47.40）之间存在显著差异。

第二节 不同期望对教师教学学术能力的影响

在综合激励理论中，期望是激励人从事某项工作的动力，也是检验自身工作成果的标准。由此可以推测：高校教师的期望可能是影响教师教学学术能力发展的因素。下面将分析不同期望与教学学术能力的相关性以及对职称晋升、教学环境、自身教学能力、自我价值实现和家庭生活有不同期望的教师在教学学术能力方面的差异。

一、相关性分析

（一）个人整体期望与教学学术能力的相关性

本书将教学学术能力和个人期望作为测量数据进行正态分布检验，结果如表 5-41 所示。从表 5-41 中可以看出，教学学术能力服从正态分布（Shapiro-Wilke 的显著性为 0.133，大于 0.05），个人的总体期望不服从正态分布（Shapiro-Wilke 的显著性为 0.000，小于 0.05）。

因此，本书采用斯皮尔曼相关系数计算方法来计算个人的整体期望与教学学术能力之间的相关性，使用 SPSS26 软件进行计算，计算结果如表 5-42 所示。从表 5-42 中可以看出，个人总体期望与教学学术能力之间的相关系数为 0.316**。在 0.01 双尾检验条件下，二者的相关性具有显著特征。

表5-41 正态分布检验
（个人整体期望与教学学术能力）

类别	指标						
	Kolmogorov-Smirnoff（a）			Shapiro-Wilke		
	统计	自由度	显著性	统计	自由度	显著性
教学学术能力	0.049	268	0.200*	0.992	268	0.133
个人期望	0.138	268	0.000	0.973	268	0.000

注：1.* 为真实显著性的下限。
2.a 为 Rielly 显著校正。

表5-42 个人总体期望与教师教学学术能之间的相关性

指标	个人期望	教学学术能力
相关系数	1.000	0.316**
Sig（双尾）	—	0.000
N	268	268

注：** 表示在 0.01 双尾检验条件下，相关性是显著的。

（二）职称晋升态度与教学学术能力的相关性

1. 职称晋升态度与教师教学学术能力的正态分布检验

从表5-43的正态分布检验结果中可以看出，教师的教学学术能力服从正态分布（Shapiro-Wilke 的显著性为 0.133，大于 0.05），而教师对职称晋升的态度不服从正态分布（Shapiro-Wilke 的显著性为 0.01，小于 0.05）。

表5-43　正态分布检验

（职称晋升态度与教学学术能力）

类别	指标					
	Kolmogorov–Smirnoff（a）			Shapiro–Wilke		
	统计	自由度	显著性	统计	自由度	显著性
教学学术能力	0.049	268	0.200*	0.992	268	0.133
职称晋升态度	0.102	268	0.000	0.947	268	0.01

注：1.* 为真实显著性的下限。

2.a 为 Rielly 显著校正。

2.职称晋升态度与教师教学学术能力的相关性分析

虽然教师的教学学术能力服从正态分布，但教师对职称晋升的态度不服从正态分布，所以本书采用斯皮尔曼相关系数计算方法来计算职称晋升态度与教学学术能力之间的相关性。本书使用SPSS26统计分析软件计算其相关性，计算结果如表5-44所示。从表5-44中可以看出，教师的职称晋升态度与教师教学学术能力之间的相关系数达到了0.314**，在0.01双尾检验条件下，两者之间的相关性非常显著。

表5-44　职称晋升态度与教学学术能力的相关性检验

指标	职称晋升态度	教学学术能力
相关系数	1.000	0.314**
Sig（双尾）	—	0.000
N	268	268

注：** 表示在0.01双尾检验条件下，相关性是显著的。

（三）教学工作环境满意度与教学学术能力的相关性

1. 教学工作环境满意度与教师教学学术能力的正态分布检验

从表5-45的正态分布检验结果中可以看出，教师的教学学术能力服从正态分布（Shapiro-Wilke的显著性为0.133，大于0.05），而教师对教学工作的环境满意度不服从正态分布（Shapiro-Wilke的显著性为0.012，小于0.05）。

表5-45　正态分布检验
（教学工作环境满意度与教学学术能力）

类别	指标					
	Kolmogorov-Smirnoff（a）			Shapiro-Wilke		
	统计	自由度	显著性	统计	自由度	显著性
教学学术能力	0.049	268	0.200*	0.992	268	0.133
教学工作环境满意度	0.100	268	0.000	0.985	268	0.012

注：1.*为真实显著性的下限。
　　2.a为Rielly显著校正。

2. 教学工作环境满意度与教师教学学术能力的相关性分析

虽然教师的教学学术能力服从正态分布，但教师对教学工作环境的满意度不服从正态分布，所以本书采用斯皮尔曼相关系数计算方法来计算教学工作环境满意度与教学学术能力之间的相关性。本书使用SPSS26统计分析软件进行相关性计算，计算结果如表5-46所示。从表5-46中可以看出，教学工作环境满意度与教师教学学术能力之间的相关系数达到了0.374**，在0.01双尾检验条件下，两者之间的相关性非常显著。

表5-46　教学工作环境满意度与教学学术能力的相关性检验

指标	教学工作环境满意度	教学学术能力
相关系数	1.000	0.374**

续表

指标	教学工作环境满意度	教学学术能力
Sig（双尾）	—	0.000
N	268	268

注：**表示在0.01双尾检验条件下，相关性是显著的。

（四）教学能力满意度与教学学术能力的相关性

1.教学能力满意度与教师教学学术能力的正态分布检验

从表5-47的正态分布检验结果中可以看出，教师的教学学术能力服从正态分布（Shapiro-Wilke的显著性为0.133，大于0.05），而教师对自身教学能力的满意度不服从正态分布（Shapiro-Wilke的显著性为0.007，小于0.05）。

表5-47　正态分布检验

（教学能力满意度与教学学术能力）

类别	指标					
	Kolmogorov-Smirnoff（a）			Shapiro-Wilke		
	统计	自由度	显著性	统计	自由度	显著性
教学学术能力	0.049	268	0.200*	0.992	268	0.133
教学能力满意度	0.081	268	0.000	0.985	268	0.007

注：1.*为真实显著性的下限。

2.a为Rielly显著校正。

2.教学能力满意度与教师教学学术能力的相关性分析

虽然教师的教学学术能力服从正态分布，但教师对自身教学能力的满意度不服从正态分布，所以本书采用斯皮尔曼相关系数计算方法来计算教学能力满意度与教学学术能力之间的相关性。本书使用SPSS26统计分析软件对数据进行相关性计算，计算结果如表5-48所示。从表5-48中可以看出，教师对自身教学能力的满意度与教师教学学术能力之间的相关系数达到了 0.226*，在 0.05 双尾检验条件下，两者之间的相关性非常显著。

表5-48 教学能力满意度与教学学术能力的相关性检验

指标	教学能力满意度	教学学术能力
相关系数	1.000	0.226*
Sig（双尾）	—	0.000
N	268	268

注：*表示在 0.05 双尾检验条件下，相关性是显著的。

（五）自我价值实现满意度与教学学术能力的相关性

1. 自我价值实现满意度与教师教学学术能力的正态分布检验

从表 5-49 的正态分布检验结果中可以看出，教师的教学学术能力服从正态分布（Shapiro Wilke 显著性为 0.133，大于 0.05），而教师对自我价值实现的满意度不服从正态分布（Shapiro Wilke 显著性为 0.012，小于 0.05）。

表5-49 正态分布检验
（自我价值实现满意度与教学学术能力）

类别	指标					
	Kolmogorov-Smirnoff（a）			Shapiro-Wilke		
	统计	自由度	显著性	统计	自由度	显著性
教学学术能力	0.049	268	0.200*	0.992	268	0.133
自我价值实现满意度	0.121	268	0.000	0.985	268	0.012

注：1.*为真实显著性的下限。

2.a 为 Rielly 显著校正。

2. 自我价值实现满意度与教师教学学术能力的相关性分析

虽然教师的教学学术能力服从正态分布，但教师对自我价值实现的满意度不服从正态分布，所以本书采用斯皮尔曼相关系数计算方法来计算自我价值实现满意度与教学学术能力之间的相关性。本书使用SPSS26统计分析软件对数据进行相关性计算，计算结果如表5-50所示。从表5-50中可以看出，自我价值实现满意度与教师教学学术能力之间的相关系数达到了0.371**，在0.01双尾检验条件下，两者之间的相关性非常显著。

表5-50 自我价值实现满意度与教学学术能力的相关性检验

指标	自我价值实现满意度	教学学术能力
相关系数	1.000	0.371**
Sig（双尾）	—	0.000
N	268	268

注：** 表示在0.01双尾检验条件下，相关性是显著的。

（六）家庭生活满意度与教学学术能力的相关性

1.家庭生活满意度与教师教学学术能力的正态分布检验

从表5-51的正态分布检验结果中可以看出，教师的教学学术能力服从正态分布（Shapiro Wilke 显著性为0.133，大于0.05），而教师对家庭生活的满意度不服从正态分布（Shapiro Wilke 显著性为0.021，小于0.05）。

表5-51 正态分布检验

（家庭生活满意度与教学学术能力）

类别	指标					
	Kolmogorov-Smirnoff（a）			Shapiro-Wilke		
	统计	自由度	显著性	统计	自由度	显著性
教学学术能力	0.049	268	0.200*	0.992	268	0.133

续　表

类别	指标						
^	Kolmogorov-Smirnoff（a）			Shapiro-Wilke		
^	统计	自由度	显著性	统计	自由度	显著性
家庭生活满意度	0.142	268	0.000	0.985	268	0.021

注：1.* 为真实显著性的下限。

2.a 为 Rielly 显著校正。

2.家庭生活满意度与教师教学学术能力的相关性分析

虽然教师的教学学术能力服从正态分布，但教师对家庭生活的满意度不服从正态分布，所以本书采用斯皮尔曼相关系数计算方法来计算家庭生活满意度与教学学术能力之间的相关性。本书使用SPSS26统计分析软件对其相关性进行计算，计算结果如表5-52所示。从表5-52中可以看出，家庭生活满意度与教师教学学术能力之间的相关系数达到了0.114，在0.05双尾检验条件下，两者之间的相关性不显著。

表5-52　家庭生活满意度与教学学术能力的相关性检验

指标	家庭生活满意度	教学学术能力
相关系数	1.000	0.114
Sig（双尾）	—	0.000
N	268	268

注：* 表示在0.05双尾检验条件下，相关性是显著的。

二、具有不同期望的教师在教学学术能力方面的差异

（一）对职称晋升有不同期望的教师在教学学术能力方面的差异

本书对对职称晋升有不同期望的教师的教学学术能力的分布情况进行了

正态分布检验，检验结果如表5-53所示。

表5-53 正态分布检验
（对职称晋升有不同期望的教师在教学学术能力方面的差异）

类别		指标					
		Kolmogorov-Smirnoff（a）			Shapiro-Wilke		
期望	期望度	统计	自由度	显著性	统计	自由度	显著性
对职称晋升的期望	非常渴望	0.083	66	0.200*	0.974	66	0.179
	渴望	0.063	100	0.200*	0.987	100	0.432
	一般	0.108	78	0.024	0.983	78	0.387
	不渴望	0.134	21	0.200*	0.940	21	0.217
	非常不渴望	0.260	2	—	—	—	—

注：1.*为真实显著性的下限。
2.a为Rielly显著校正。

从表5-53中可以看出，在接受调查的教师中，对职称晋升有不同期望的教师的教学学术能力服从正态分布。本书将对职称晋升有不同期望的教师的教学学术能力进行均值稳健性检验，结果如表5-54所示，Brown Forsyth值无显著差异（显著性为0.549，大于0.05）。

表5-54 均值稳健性检验
（对职称晋升有不同期望的教师教学学术能力差异）

类别	指标			
	统计	自由度1	自由度2	显著性
Brown-Forsythe	1.059	4	1.804	0.549

第五章 地方高校教师教学学术能力的影响因素分析

因此，本书使用均差比较公式中 LSD 方法来比较对职称晋升有不同期望的教师的教学学术能力，结果如表附录 -11 所示。从表附录 -11 中可以看出，对职称晋升非常渴望或渴望的教师与对职称晋升冷漠或不渴望的教师的教学学术能力存在显著差异。

（二）对教学环境有不同期望的教师在教学学术能力方面的差异

本书对对教学环境有不同期望的教师的教学学术能力的分布情况进行了正态分布检验，检验结果如表 5-55 所示。从表 5-55 中可以看出，在接受问卷调查的教师中，对教学环境有不同期望的教师的教学学术能力并不完全服从正态分布，因此本书采用非参数独立样本检验对对教学环境有不同期望的教师的教学学术能力进行比较，结果如表 5-56 所示。

表5-55　正态分布检验

（对教学环境有不同期望的教师的教学学术能力）

类别		指标					
		Kolmogorov–Smirnoff（a）			Shapiro–Wilke		
期望	满意度	统计	自由度	显著性	统计	自由度	显著性
对教学环境的期望	非常满意	0.290	8	0.046	0.840	8	0.076
	满意	0.096	82	0.057	0.974	82	0.094
	一般	0.058	141	0.200*	0.989	141	0.298
对教学环境的期望	不满意	0.123	281	0.200*	0.964	28	0.434
	非常不满意	0.354	8	0.004	0.756	8	0.009

注：1.* 为真实显著性的下限。

2.a 为 Rielly 显著校正。

表5-56　测试统计

（对教学环境有不同期望的教师的教学学术能力）

分组变量	指标		
	Kruskal-Wallis	自由度	渐近显著性
对教学环境的期望	18.437	4	0.001

从表5-56中可以看出，对教学环境有不同期望的教师的教学学术能力存在显著差异（渐近显著性为0.001，小于0.05）。另外，根据调查数据可以看出，对教学环境有5种不同期望的教师的教学学术能力的平均值分别为49.88、46.36、52.21、56.46和57.38（从非常不满意到非常满意），对教学环境高度满意和满意的教师的教学学术能力差异不大，但其教学学术能力显著高于对教学环境持消极态度的教师。

（三）对自身教学能力有不同期望的教师在教学学术能力方面的差异

本书对对自身教学能力有不同期望的教师的教学学术能力的分布情况进行了正态分布检验，结果如表5-57所示。从表5-57中可以看出，在接受问卷调查的教师中，对自身教学能力有不同期望的教师的教学学术能力并不完全服从正态分布，因此本书采用非参数独立样本检验来比较对自身教学能力持不同态度的教师的教学学术能力，结果如表5-58所示。

表5-57　正态分布检验

（对自身教学能力有不同期望的教师的教学学术能力）

类别		指标				
		Kolmogorov-Smirnoff（a）			Shapiro-Wilke		
期望	满意度	统计	自由度	显著性	统计	自由度	显著性
对自己的教学能力的期望	非常满意	0.333	8	0.009	0.710	8	0.003
	满意	0.081	106	0.084	0.981	106	0.142

续 表

类别		指标					
		Kolmogorov-Smirnoff（a）			Shapiro-Wilke		
期望	满意度	统计	自由度	显著性	统计	自由度	显著性
对自己的教学能力的期望	一般	0.076	140	0.047	0.987	140	0.229
	不满意	0.297	13	0.003	0.874	13	0.059

注：1.* 为真实显著性的下限。

2.a 为 Rielly 显著校正。

表5-58 非参数独立样本检验（对自身教学能力有不同期望的教师的教学学术能力）

类别	指标		
	Kruskal-Wallis	自由度	渐近显著性
对自身教学能力的期望	21.811	3	0.000

从表 5-58 中可以看出，对自身教学能力有不同期望的教师的教学学术能力存在显著差异（渐近显著性为 0.000，小于 0.05）。根据调查数据，对自己的教学能力有 4 种不同期望的教师（没有教师对自己的教育学力感到非常不满意）的教学学术能力的平均值分别为 44.50、51.66、55.29 和 60.88（从不满意到非常满意），对自己的教学能力非常满意的教师的教学学术能力非常强，远高于后三者；对教学能力的期望越消极，教学学术能力水平越低。

（四）对自我价值实现有不同期望的教师在教学学术能力方面的差异

本书对对自我价值实现有不同期望的教师的教学学术能力的分布情况进行了正态分布检验，结果如表 5-59 所示。从表 5-59 中可以看出，对自我价值实现有不同期望的教师的教学学术能力完全服从正态分布。从表 5-60 的误差方差的等同性检验结果中可以看出，方差是均匀的（基于平均值的显著性为

0.122，大于0.05）。因此，本书在均差比较法中采用LSD方法对不同自我价值实现满意度的教师的教学学术能力进行比较，结果如表附录-12所示。

表5-59　正态分布检测（对自我价值实现有不同期望的教师的教学学术能力）

类别		指标					
		Kolmogorov-Smirnoff（a）			Shapiro-Wilke		
期望	满意度	统计	自由度	显著性	统计	自由度	显著性
对自我价值实现的期望	非常满意	0.200	11	0.200*	0.856	11	0.050
	满意	0.068	90	0.200*	0.987	90	0.548
	一般	0.060	143	0.200*	0.992	143	0.576
	不满意	0.192	19	0.063	0.928	19	0.157
	非常不满意	0.251	4	—	0.916	4	0.515

注：1.* 为真实显著性的下限。
　　2.a 为 Rielly 显著校正。

表5-60　误差方差的等同性检验
（对自我价值实现有不同期望的教师的教学学术能力）

类别	指标			
	Levin统计	自由度1	自由度2	显著性
基于平均值	1.839	4	263	0.122
基于中位数	1.539	4	263	0.191
基于中位数和调整后的自由度	1.539	4	206.436	0.192
基于修正后的平均值	1.909	4	263	0.109

从表附录-12中可以看出，对自我价值实现非常满意和满意的教师的教学

学术能力（平均值分别为 56.00 和 56.50）与不满意的教师（平均值为 47.32）存在显著差异；态度满意的教师与态度一般的教师的教学学术能力（平均值为 51.32）存在显著差异。根据教师教学学术能力的平均值可以看出，对自我价值实现持积极态度的教师的教学学术能力高于持消极态度的教师。

（五）对家庭生活有不同期望的教师在教学学术能力方面的差异

本书对对家庭生活有不同期望的教师的教学学术能力的分布情况进行了正态分布检验，结果如表5-61所示。

表5-61　正态分布检测（对家庭生活有不同期望的教师的教学学术能力）

类别		指标					
		Kolmogorov–Smirnoff（a）			Shapiro–Wilke		
期望	满意度	统计	自由度	显著性	统计	自由度	显著性
对家庭生活的期望	非常满意	0.097	24	0.200*	0.967	24	0.601
	满意	0.076	120	0.085	0.989	120	0.468
	一般	0.096	101	0.022	0.979	101	0.116
	不满意	0.136	17	0.200*	0.955	17	0.549
	非常不满意	0.325	6	0.092	0.714	5	0.013

注：1.*为真实显著性的下限。

2.a为Rielly显著校正。

从表5-61中可以看出，对家庭生活有不同期望的教师的教学学术能力并不完全服从正态分布，因此本书采用非参数独立样本检验对对家庭生活有不同期望的教师的教学学术能力进行了比较，结果如表5-62所示。从表5-62中可以看出，对家庭生活有不同期望的教师的教学学术能力差异不显著（渐近显著性为0.142，大于0.05）。

表5-62 非参数独立样本检验（对家庭生活有不同期望的教师的教学学术能力）

类别	指标		
	Kruskal–Wallis	自由度	渐近显著性
对家庭生活的期望	6.895	4	0.142

第三节 激励制度对教师教学学术能力的影响

为了解决高校教学质量下降与投入持续增加的问题，博耶提出了教学学术的概念，旨在解决教学被弱化的问题。教学学术将教学视为一种学术，它的提出在一定程度上提升了教学在高校中的地位，这与高校发展教学学术的激励制度有直接关系。为了弄清楚学校发展教学学术的激励制度对教师发展教学学术能力的影响，本节对整体激励制度、资金激励制度和荣誉激励制度3个方面对教师教学学术能力的影响进行了分析。其中，整体激励制度是指高校发展教学学术的整体激励环境，资金激励制度是指高校发展教学学术的激励制度中关于资金的激励，荣誉激励制度是指高校发展教学学术的激励制度中关于荣誉的激励。

一、整体激励制度对教师教学学术能力的影响

本书以教学学术能力和整体激励制度为测量数据，对其进行正态分布检测，结果如表5-63所示。从表5-63中可以看出，教师的教学学术能力完全服从正态分布（Shapiro–Wilke的显著性为0.133，大于0.05），而整体激励制

度不服从正态分布（Shapiro-Wilke 的显著性为 0.000，小于 0.05）。因此，本书使用斯皮尔曼相关系数计算方法来计算整体激励制度与教师教学学术能力之间的相关性。

表5-63　正态分布检测

（教学学术能力与整体激励制度）

类别	指标					
	Kolmogorov-Smirnoff（a）			Shapiro-Wilke		
	统计	自由度	显著性	统计	自由度	显著性
教学学术能力	0.049	268	0.200*	0.992	268	0.133
整体激励制度	0.086	268	0.000	0.971	268	0.000

注：1.* 为真实显著性的下限。

2.a 为 Rielly 显著校正。

本书使用 SPSS26 统计分析软件计算斯皮尔曼相关系数，计算结果如表5-64 所示。从表 5-64 中可以看出，整体激励制度与教师的教学学术能力之间的相关系数达到 0.136*，在 0.05 双尾检验条件下，它们的相关性具有显著特征。

表5-64　整体激励制度与教学学术能力的相关性

相关系数	Sig（双尾）	数量
0.136*	0.027	268

注：1.* 表示在 0.05 双尾检验条件下，相关性是显著的。

2.** 表示在 0.01 双尾检验条件下，相关性是显著的。

二、资金激励制度对教师教学学术能力的影响

从表 5-65 的正态分布检测结果中可以看出，教师的教学学术能力完全服

从正态分布（Shapiro-Wilke 的显著性为 0.133，大于 0.05），而资金激励制度不服从正态分布（Shapiro-Wilke 的显著性为 0.000，小于 0.05）。因此，本书采用斯皮尔曼相关系数计算方法来计算资金激励制度与教师教学学术能力之间的相关性。

表5-65　正态分布检测

（教学学术能力与资金激励制度）

类别	指标					
	Kolmogorov-Smirnoff（a）			Shapiro-Wilke		
	统计	自由度	显著性	统计	自由度	显著性
教学学术能力	0.049	268	0.200*	0.992	268	0.133
资金激励制度	0.076	268	0.001	0.969	268	0.000

注：1.* 为真实显著性的下限。

2.a 为 Rielly 显著校正。

本书使用 SPSS26 统计分析软件计算两者的斯皮尔曼相关系数，计算结果如表 5-66 所示。从表 5-66 中可以看出，资金激励制度与教师的教学学术能力之间的相关系数达到 0.175**，在 0.01 双尾检验条件下，它们之间的相关性具有显著特征。

表5-66　资金激励制度与教学学术能力的相关性

相关系数	Sig（双尾）	数量
0.175**	0.004	268

注：1.* 表示在 0.05 双尾检验条件下，相关性是显著的。

2.** 表示在 0.01 双尾检验条件下，相关性是显著的。

三、荣誉激励制度对教师教学学术能力的影响

从表 5-67 的正态分布检验结果中可以看出，教师的教学学术能力完全服

从正态分布（Shapiro-Wilke 的显著性为 0.133，大于 0.05），而荣誉激励制度不服从正态分布（Shapiro-Wilke 的显著性为 0.000，小于 0.05）。因此，本书采用斯皮尔曼相关系数计算方法来计算学校发展教学学术的荣誉激励制度与教师的教学学术能力之间的相关性。

表5-67 正态分布检测

（教学学术能力与荣誉激励制度）

类别	指标						
	Kolmogorov-Smirnoff（a）			Shapiro-Wilke		
	统计	自由度	显著性	统计	自由度	显著性
教学学术能力	0.049	268	0.200*	0.992	268	0.133
荣誉激励制度	0.188	268	0.000	0.937	268	0.000

注：1.* 为真实显著性的下限。

2.a 为 Rielly 显著校正。

本书使用 SPSS26 统计分析软件计算学校发展教学学术的荣誉激励制度与教师的教学学术能力的斯皮尔曼相关系数，计算结果如表 5-68 所示。从表 5-68 中可以看出，学校发展教学学术的荣誉激励制度与教师的教学学术能力之间的相关系数为 0.014，在 0.05 双尾检验条件下，它们的相关性没有显著差异。

表5-68 荣誉激励制度与教学学术能力的相关性

相关系数	Sig（双尾）	数量
0.014	0.826	268

注：1.* 表示在 0.05 双尾检验条件下，相关性是显著的。

2.** 表示在 0.01 双尾检验条件下，相关性是显著的。

第四节　考核制度对教师教学学术能力的影响

地方高校对教师教学学术能力的考核制度既是对教师教学学术能力的考查与评价，也是对教师发展自身教学学术能力的激励方式，考核的结果将直接影响学校对教师的奖励，为教师明确了奋斗的方向和目标。教师对学校发展教学学术能力考核制度的满意度对教师教学学术能力的影响如何，是本书研究的又一个主题。

一、考核制度与教师教学学术能力的正态分布检验

从表5-69的正态分布检验结果中可以看出，教师对学校考核制度的满意度不服从正态分布（考核制度的Shapiro-Wilke的显著性为0.008，小于0.05）。

表5-69　正态分布检验

（考核制度与教学学术能力）

类别	Kolmogorov-Smirnoff（a）			Shapiro-Wilke		
	统计	自由度	显著性	统计	自由度	显著性
教学学术能力	0.049	268	0.200*	0.992	268	0.133
考核制度	0.111	268	0.000	0.985	268	0.008

注：1.*为真实显著性的下限。

2.a为Rielly显著校正。

二、考核制度与教师教学学术能力的相关性分析

虽然教师的教学学术能力服从正态分布,但教师对学校教学学术能力的考核制度的满意度不服从正态分布,所以本书采用斯皮尔曼相关系数计算方法来计算考核制度满意度与教学学术能力之间的相关性,计算结果如表5-70所示。从表5-70中可以看出,考核制度满意度与教师教学学术能力之间的相关系数达到了0.362**,在0.01双尾检验条件下,两者之间的相关性非常显著。

表5-70　考核制度与教学学术能力的相关性检验

指标	考核制度	教学学术能力
相关系数	1.000	0.362**
Sig(双尾)	—	0.000
N	268	268

注:**表示在0.01双尾检验条件下,相关性是显著的。

# 第六章　不同影响因素之间的关系分析

第一节　人口个性特征与个人期望之间的关系

一、年龄段与教师个人期望的相关性

根据现有条件和要求，本书采用斯皮尔曼相关系数计算方法来判断年龄段与教师个人期望的相关性，结果如表 6-1 所示。从表 6-1 中可以看出，年龄段和职称晋升态度之间存在很大的相关性（相关系数为 -0.347**，在 0.01 双尾检验条件下，相关性非常显著），根据调查数据可知，20～29 岁、30～39 岁、40～49 岁和 50～59 岁年龄段教师的职称晋升态度的平均值分别为 4.20、4.03、3.56 和 3.10；年龄段与教学工作环境满意度之间存在相关性，但相关性不显著（相关系数为 0.056，大于 0.05），4 个年龄段教师对教学工作环境满意度的平均值分别为 3.08、3.18、3.27、3.23，其中 40～49 岁年龄段的教师满意度最高，20～29 岁年龄段的教师满意度较低；年龄段与自身教学能力状况的满意度有相关性，但相关性不显著（相关系数为 0.119，大于 0.05），4 个年龄段的教师对教学能力满意度的平均值分别为 3.28、3.36、3.39 和 3.68，说明年龄越大，教师对自身教学能力状况的满意度越高；年龄段和自我价值实现的满意度呈显著相关（相关系数为 0.123*，在 0.05 双尾检验条件下，相关性非常显著），4 个年龄段的教师对自我价值实现的满意度的平均值分别为 3.16、3.25、3.36、3.55，说明年龄越大，教师对自我价值实现的满意度越高；年龄段和对家庭生活的满意度也显示出显著的相关性（相关系数为 0.185*，在 0.05 双尾检验条件下是显著的），4 个年龄段的教师对家庭生活满意度的平均值分别为 3.20、3.45、3.65 和 3.71，说明年龄越大，教师对家庭生活的满意度就越高。

表6-1 年龄段与个人期望的相关性

类别		指标		
人口个性特征	个人期望	相关系数	Sig（双尾）	数量
年龄段	职称晋升态度	−0.347**	0.000	268
	教学工作环境满意度	0.056	0.358	268
	教学能力满意度	0.119	0.052	268
	自我价值实现满意度	0.123*	0.044	268
	家庭生活满意度	0.185*	0.002	268

注：1.* 表示在 0.05 双尾检验条件下，相关性是显著的。
　　2.** 表示在 0.01 双尾检验条件下，相关性是显著的。

二、教师工作单位所属地域与教师个人期望的相关性

根据现有条件和要求，本书采用斯皮尔曼相关系数计算方法来判断教师工作单位所在地域与教师个人期望的相关性，结果如表6-2所示。从表6-2中可以看出，地域与职称晋升态度之间存在非常强的相关性（相关系数为 −0.141*，在 0.05 双尾检验条件下，相关性非常显著），根据调查数据可知，发达地区、中部地区和欠发达地区教师对职称晋升态度的平均值分别为 3.89、3.86 和 3.61，发达地区教师对职称晋升的积极性最高，欠发达地区教师对职称晋升的积极性最低；地域与教学工作环境的满意度之间存在显著相关性（相关系数为 −0.131*，在 0.05 双尾检验条件下，非常显著），3 个不同地域教师教学工作环境满意度的平均值分别为 3.40、3.18 和 3.10，发达地区教师对教学工作环境的满意度最高，欠发达地区最低；地域与教师自身教学能力现状的满意度之间存在非常显著的相关性（相关系数为 −0.185**，在 0.01 双尾检验条件下，相关性非常显著），3 个不同地域教师对教学能力满意度的平均值分别

为 3.57、3.43 和 3.26，发达地区教师对自身教学能力的满意度最高，欠发达地区最低；地域与教师自我价值实现的满意度之间也存在显著相关性（相关系数为 −0.120*，在 0.05 双尾检验条件下，相关性非常显著），3 个不同地域教师对自我价值实现的满意度的平均值分别为 3.35、3.42 和 3.18，发达地区和中部地区的教师对自我价值实现的满意度没有显著差异，欠发达地区教师的满意度较低，与前两者有显著差异；地域与家庭生活满意度之间没有显著相关性（相关系数为 −0.118）。

表6-2　地域与个人期望的相关性

类别		指标		
人口个性特征	个人期望	相关系数	Sig（双尾）	数量
地域	职称晋升态度	−0.141*	0.021	268
	教学工作环境满意度	−0.131*	0.032	268
	教学能力满意度	−0.185**	0.002	268
	自我价值实现满意度	−0.120*	0.049	268
	家庭生活满意度	−0.118	0.054	268

注：1.* 表示在 0.05 双尾检验条件下，相关性是显著的。
　　2.** 表示在 0.01 双尾检验条件下，相关性是显著的。

三、职称与教师个人期望的相关性

根据现有条件和要求，本书采用斯皮尔曼相关系数计算方法来判断职称与教师个人期望的相关性，结果如表 6-3 所示。从表 6-3 中可以看出，职称与教师对职称晋升的态度之间存在非常显著的相关性（相关系数为 0.182**，在 0.01 双尾检验条件下，相关性非常显著），根据调查数据可知，教授（研究员）、副教授（副研究员）、讲师和助教对职称晋升态度的平均值分别为3.31、3.65、4.02、3.41，其中讲师对职称晋升的积极性最高，副教授（副研究员）次之；职称与教学工作环境的满意度显著相关（相关系数为 –0.158**，在0.01双尾检验条件下，相关性非常显著），4种不同职称的教师对教学工作环境满意度的平均值分别为3.42、3.31、3.12和2.82，可以看出，职称越高，教师对自己的教学工作环境越满意，讲师和助教的满意度明显低于职称高的教师；职称与对教学能力现状的满意度之间存在非常显著的相关性（相关系数为 –0.161**，在0.01双尾检验条件下，相关性非常显著），4种不同职称的教师对教学能力满意度的平均值分别为3.73、3.41、3.37和3.06，其中教授（研究员）对其教学能力现状的满意度最高，显著高于其他职称的教师，助教的满意度显著低于其他职称，副教授（副研究员）与讲师的差异不明显；职称与自我价值实现的满意度显著相关（相关系数为 –0.141*，在0.05双尾检验条件下，相关性非常显著），4种不同职称教师对自我价值实现的满意度的平均值分别为3.65、3.35、3.26和3.06，教授（研究员）对自我价值实现的满意度最高，显著高于其他职称的教师，助教最低，副教授（副研究员）与讲师的差异不明显；职称和家庭生活满意度呈非常显著的相关性（相关系数为 –0.210**，在0.01双尾检验条件下，相关性非常显著），具有4种不同职称的教师对家庭生活满意度的平均值分别为3.85、3.64、3.43和3.00，其中教授（研究员）对家庭生活的满意度最高，显著高于其他职称的教师。

表6-3 职称与个人期望的相关性

类别		指标		
人口个性特征	个人期望	相关系数	Sig（双尾）	数量
职称	职称晋升态度	0.182**	0.003	268
	教学工作环境满意度	–0.158**	0.010	268
	教学能力满意度	–0.161**	0.008	268

续　表

类别		指标		
人口个性特征	个人期望	相关系数	Sig（双尾）	数量
职称	自我价值实现满意度	−0.141*	0.021	268
	家庭生活满意度	−0.210**	0.001	268

注：1.*表示在0.05双尾检验条件下，相关性是显著的。
　　2.**表示在0.01双尾检验条件下，相关性是显著的。

四、学历与教师个人期望的相关性

根据现有条件和要求，本书采用斯皮尔曼相关系数计算方法来判断学历与教师个人期望的相关性，结果如表6-4所示。从表6-4中可以看出，学历与教师对职称晋升的态度之间存在非常显著的相关性（相关系数为−0.167**，在0.01双尾检验条件下，相关性非常显著），调查数据显示，具有博士、硕士和本科学历的教师对职称晋升态度的平均值分别为3.97、3.73和3.29，其中只有本科学历的教师对职称晋升的积极性较低；学历与教师对教学工作环境满意度的相关性不显著（相关系数为0.020），3种不同学历的教师对教学工作环境满意度的平均值分别为3.27、3.14和3.59，可以看出，只有本科学历的教师对其教学工作环境的满意度最高，而硕士学位教师的满意度明显较低；学历与教师对自身教学能力状况的满意度之间没有显著相关性（相关系数为−0.049），3种不同学历的教师对教学能力满意度的平均值分别为3.51、3.31和3.82，只有本科学历的教师对其教学能力状况的满意度最高，硕士学位教师的满意度最低；学历与自我价值实现的满意度之间没有显著相关性（相关系数为−0.055），3种不同学历教师对自我价值实现的满意度的平均值分别为3.42、3.23和3.71，只有本科学历的教师对自我价值实现的满意度最高，硕士学位的教师满意度最低；学历与家庭生活满意度之间没有显著相关性（相关系数为−0.022），3种不同学历教师对家庭生活的满意度的平均值分别为 3.60、3.47 和 3.71，只有本科学历的教师对家庭生活的满意度最高，硕士学位教师的满意度最低。

表6-4　学历与个人期望的相关性

类别		指标		
人口个性特征	个人期望	相关系数	Sig（双尾）	数量
学历	职称晋升态度	−0.167**	0.006	268
	教学工作环境满意度	0.020	0.741	268
	教学能力满意度	−0.049	0.420	268
	自我价值实现满意度	−0.055	0.369	268
	家庭生活满意度	−0.022	0.721	268

注：1.* 表示在 0.05 双尾检验条件下，相关性是显著的。
　　2.** 表示在 0.01 双尾检验条件下，相关性是显著的。

五、学科专业与教师个人期望的相关性

根据现有条件和要求，本书采用斯皮尔曼相关系数计算方法来计算学科专业与教师个人期望的相关性，结果如表 6-5 所示。从表 6-5 中可以看出，学科专业与教师对职称晋升的态度之间存在相关性，但不显著（相关系数为 0.063），调查数据显示，文科、理科和工科专业教师对职称晋升态度的平均值分别为 3.67、3.96 和 3.70，理科专业教师对职称晋升的积极性最高；学科专业与教师对教学工作环境的满意度之间存在相关性，但相关性不显著（相关系数为 0.007），3 个学科专业教师对教学工作环境满意度的平均值分别为 3.17、3.31 和 3.09，可以看出，理科专业的教师对自己的教学工作环境最满意，而工科专业的教师满意度明显较低；学科专业与教师对自身教学能力状况的满意

度之间存在相关性,但相关性不显著(相关系数为 0.090),3 个不同学科专业教师对自身教学能力状况的满意度的平均值分别为 3.33、3.48、3.46;学科专业与教师对自我价值实现的满意度存在相关性,但相关性不显著(相关系数为 0.020),3 个不同学科专业的教师对自我价值实现的满意度的平均值分别为 3.31、3.36、3.26;学科专业与家庭生活满意度之间没有显著相关性(相关系数为 −0.083),3 个不同学科专业教师对家庭生活的满意度的平均值分别为 3.58、3.49 和 3.43,文科专业教师对家庭生活的满意度最高,工科教师的满意度最低。

表6-5 学科专业与个人期望的相关性

类别		指标		
人口个性特征	个人期望	相关系数	Sig(双尾)	数量
学科专业	职称晋升态度	0.063	0.304	268
	教学工作环境满意度	0.007	0.705	268
	教学能力满意度	0.090	0.143	268
	自我价值实现满意度	0.020	0.741	268
	家庭生活满意度	−0.083	0.176	268

注:1.* 表示在 0.05 双尾检验条件下,相关性是显著的。
　　2.** 表示在 0.01 双尾检验条件下,相关性是显著的。

第二节　人口个性特征与教师对激励制度满意度的关系

一、人口个性特征与教师对整体激励制度的满意度的关系

（一）不同年龄段教师对整体激励制度的满意度差异

本书以教师对学校发展教学学术的整体激励制度的满意度为测量数据，对其进行正态分布检测，结果如表6-6所示。从表6-6中可以看出，不同年龄段教师对学校发展教学学术的整体激励制度的满意度并不完全服从正态分布。因此，本书使用了非参数Kruskal-Wallis方法来检验不同年龄段教师对学校发展教学学术的整体激励制度的满意度差异，检验结果如表6-7所示。从表6-7中可以看出，不同年龄段教师对学校发展教学学术的整体激励制度的满意度没有显著差异（渐近显著性为0.219，大于0.05）。

表6-6　正态分布检测

（不同年龄段教师对整体激励制度的满意度）

类别		指标					
		Kolmogorov–Smirnoff（a）			Shapiro-Wilke		
激励制度	年龄段	统计	自由度	显著性	统计	自由度	显著性
整体激励制度	20～29岁年龄段	0.186	25	0.025	0.828	25	0.001

续 表

类别		指标					
		Kolmogorov–Smirnoff（a）			Shapiro–Wilke		
激励制度	年龄段	统计	自由度	显著性	统计	自由度	显著性
整体激励制度	30～39岁年龄段	0.120	118	0.000	0.933	118	0.000
	40～49岁年龄段	0.052	94	0.200*	0.984	94	0.299
	50～59岁年龄段	0.126	31	0.200*	0.943	31	0.097

注：1.*为真实显著性的下限。
2.a为Rielly显著校正。

表6-7 测试统计

（不同年龄段教师对整体激励制度的满意度）

类别		指标	
激励制度	分组变量	统计	值
整体激励制度	年龄段	Kruskal–Wallis	4.424
		渐近显著性	0.219

（二）不同地域教师对整体激励制度的满意度差异

从表6-8中可以看出，不同地域的教师对学校发展教学学术的整体激励制度的满意度并不完全服从正态分布。

表6-8 正态分布检测

（不同地域教师对整体激励制度的满意度）

类别		指标					
		Kolmogorov-Smirnoff（a）			Shapiro-Wilke		
激励制度	地域	统计	自由度	显著性	统计	自由度	显著性
整体激励制度	发达地区	0.107	65	0.063	0.944	65	0.006
	中部地区	0.090	104	0.036	0.976	104	0.052
	欠发达地区	0.126	99	0.001	0.942	99	0.000

注：1.* 为真实显著性的下限。

2.a 为 Rielly 显著校正。

根据条件，本书采用非参数 Kruskal-Wallis 方法检验不同地域教师对学校发展教学学术的整体激励制度的满意度差异，结果如表6-9所示。

表6-9 测试统计

（不同地域教师对整体激励制度的满意度）

类别		指标	
激励制度	分组变量	统计	值
整体激励制度	地域	Kruskal-Wallis	10.833
		渐近显著性	0.004

从表6-9中可以看出，不同地域的教师对学校发展教学学术的整体激励制度的满意度存在显著差异（渐近显著性为0.004，小于0.05）。另外，调查数据显示：发达地区、中部地区和欠发达地区教师对学校发展教学学术的整体激励制度的满意度的平均值分别为46.49、29.75和16.74，发达地区教师对整体激励制度的满意度明显高于其他两个地区。

第六章　不同影响因素之间的关系分析

（三）不同职称教师对整体激励制度的满意度差异

从表6-10中可以看出，不同职称教师对学校发展教学学术的整体激励制度的满意度并不完全服从正态分布。

表6-10　正态分布检测

（不同职称教师对整体激励制度的满意度）

类别		指标					
		Kolmogorov–Smirnoff（a）			Shapiro–Wilke		
激励制度	职称	统计	自由度	显著性	统计	自由度	显著性
整体激励制度	教授（研究员）	0.089	26	0.200*	0.973	26	0.691
	副教授（副研究）	0.071	104	0.200*	0.984	104	0.238
	讲师	0.096	121	0.009	0.968	121	0.006
	助教	0.289	17	0.001	0.776	17	0.001

注：1.*为真实显著性的下限。
　　2.a为Rielly显著校正。

根据现有条件，本书采用非参数Kruskal–Wallis方法来检验不同职称教师对学校发展教学学术的整体激励制度的满意度差异，结果如表6-11所示。

表6-11　测试统计

（不同职称教师对整体激励制度的满意度）

类别		指标	
激励制度	分组变量	统计	值
整体激励制度	职称	Kruskal–Wallis	5.266
		渐近显著性	0.153

从表6-11中可以看出，不同职称教师对学校发展教学学术的整体激励制度的满意度没有显著性差异（渐近显著性为0.153，大于0.05）。另外，从调

查获得的数据来看,教授(研究员)、副教授(副研究员)、讲师和助教的总体满意度平均值分别为47.07、44.50、43.23和39.29,教师对学校发展教学学术的整体激励制度的满意度随着职称的下降而下降。

(四)不同学历教师对整体激励制度的满意度差异

从表6-12中可以看出,不同学历的教师对学校发展教学学术的整体激励制度的满意度并不完全服从正态分布。

表6-12 正态分布检测

(不同学历教师对整体激励制度的满意度)

类别		指标					
		Kolmogorov–Smirnoff(a)			Shapiro–Wilke		
激励制度	学历	统计	自由度	显著性	统计	自由度	显著性
整体激励制度	博士	0.089	78	0.200*	0.984	78	0.410
	硕士	0.106	173	0.000	0.955	173	0.000
	本科	0.193	17	0.094	0.834	17	0.006

注:1.*为真实显著性的下限。
2.a为Rielly显著校正。

根据已知条件,本书采用非参数Kruskal-Wallis方法检验不同学历的教师对学校发展教学学术的整体激励制度的满意度差异,结果如表6-13所示。

表6-13 测试统计

(不同学历教师对整体激励制度的满意度)

类别		指标	
激励制度	分组变量	统计	值
整体激励制度	学历	Kruskal-Wallis	2.436
		渐近显著性	0.296

从表6-13中可以看出，不同学历教师对学校发展教学学术的整体激励制度的满意度没有显著性差异（渐近显著性为0.296，大于0.05）。另外，从调查获得的数据来看，具有博士、硕士和本科学历的教师对学校发展教学学术的满意度的平均值分别为45.03、43.20和45.06，差距并不明显。

（五）不同学科专业教师对整体激励制度的满意度差异

从表6-14中可以看出，不同学科专业的教师对学校发展教学学术的整体激励制度的满意度并不完全服从正态分布。

表6-14 正态分布检测

（不同学科专业教师对整体激励制度的满意度）

类别		指标					
		Kolmogorov–Smirnoff（a）			Shapiro–Wilke		
激励制度	学科专业	统计	自由度	显著性	统计	自由度	显著性
整体激励制度	文科专业	0.113	132	0.000	0.970	132	0.005
	理科专业	0.083	90	0.200*	0.955	90	0.004
	工科专业	0.120	46	0.096	0.940	46	0.019

注：1.*为真实显著性的下限。

2.a为Rielly显著校正。

根据已知条件，本书采用非参数Kruskal–Wallis方法检验不同学科专业的教师对学校发展教学学术的整体激励制度的总体满意度差异，结果如表6-15所示。

表6-15 测试统计

（不同学科专业教师对整体激励制度的满意度）

类别		指标	
激励制度	分组变量	统计	值
整体激励制度	学科专业	Kruskal-Wallis	3.637
		渐近显著性	0.162

从表6-15中可以看出，不同学科专业的教师对学校发展教学学术的整体激励制度的满意度没有显著差异（渐近显著性为0.162，大于0.05）。

二、人口个性特征与教师对资金激励制度的满意度的关系

（一）不同年龄段教师对资金激励制度的满意度差异

从表6-16中可以看出，不同年龄段教师对资金激励制度的满意度情况并不完全服从正态分布。本书采用非参数Kruskal-Wallis方法检验了不同年龄段教师对资金激励满意度的差异，结果如表6-17所示。

表6-16 正态分布检测

（不同年龄段教师对资金激励制度的满意度）

类别		指标					
		Kolmogorov-Smirnoff（a）			Shapiro-Wilke		
		统计	自由度	显著性	统计	自由度	显著性
资金激励制度	20～29岁年龄段	0.216	25	0.004	0.825	25	0.001
	30～39岁年龄段	0.126	118	0.000	0.944	118	0.000

续 表

类别		指标					
		Kolmogorov-Smirnoff（a）			Shapiro-Wilke		
		统计	自由度	显著性	统计	自由度	显著性
资金激励制度	40～49岁年龄段	0.081	94	0.154	0.975	94	0.066
	50～60岁年龄段	0.107	31	0.200*	0.948	31	0.138

注：1. * 为真实显著性的下限。

2. a 为 Rielly 显著校正。

表6-17 测试统计

（不同年龄段教师对资金激励制度的满意度）

类别		指标	
激励制度	分组变量	统计	值
资金激励制度	年龄段	Kruskal-Wallis	3.609
		渐近显著性	0.307

从表6-17中可以看出，渐近显著性为0.307，大于0.05，因此不同年龄段的教师对资金激励制度的满意度没有显著差异。

（二）不同地域教师对资金激励制度的满意度差异

从表6-18中可以看出，不同地域教师对学校发展教学学术的资金激励制度的满意度不服从正态分布。

表6-18 正态分布检测

(不同地域教师对资金激励制度的满意度)

类别		指标					
		Kolmogorov-Smirnoff(a)			Shapiro-Wilke		
激励制度	地域	统计	自由度	显著性	统计	自由度	显著性
资金激励制度	发达地区	0.125	65	0.014	0.925	65	0.001
	中部地区	0.103	104	0.008	0.970	104	0.018
	欠发达地区	0.103	99	0.011	0.956	99	0.002

注：1.* 为真实显著性的下限。

2.a 为 Rielly 显著校正。

本书采用非参数 Kruskal-Wallis 方法检验不同地域教师对资金激励制度的满意度差异，结果如表6-19所示。

表6-19 测试统计

(不同地域教师对资金激励制度的满意度)

类别		指标	
激励制度	分组变量	统计	值
资金激励制度	地域	Kruskal-Wallis	8.802
		渐近显著性	0.012

由表6-19中可以看出，不同地域教师对资金激励制度的满意度存在显著差异（渐近显著性为0.012，小于0.05）。根据调查结果，发达地区、中部地区和欠发达地区教师满意度的平均值分别为29.75、28.64和26.86，发达地区和中部地区的教师对资金激励制度的满意度明显高于欠发达地区的教师。

（三）不同职称教师对资金激励制度的满意度差异

从表6-20中可以看出，不同职称教师对资金激励制度的满意度并不完全服从正态分布。

表6-20 正态分布检测

（不同职称教师对资金激励制度的满意度）

类别		指标					
		Kolmogorov-Smirnoff（a）			Shapiro-Wilke		
激励制度	职称	统计	自由度	显著性	统计	自由度	显著性
资金激励制度	教授（研究员）	0.151	26	0.133	0.947	26	0.202
	副教授（副研究员）	0.074	104	0.190	0.979	104	0.101
	讲师	0.102	121	0.003	0.967	121	0.005
	助教	0.302	17	0.000	0.773	17	0.001

注：1.* 为真实显著性的下限。

2.a 为Rielly显著校正。

本书采用非参数Kruskal-Wallis方法检验不同职称教师对资金激励制度的满意度差异，结果如表6-21所示，可以看出不同职称教师对资金激励制度的满意度差异不显著（渐近显著性为0.134，大于0.05）。

表6-21 测试统计

（不同职称教师对资金激励制度的满意度）

类别		指标	
激励制度	分组变量	统计	值
资金激励制度	职称	Kruskal-Wallis	5.587
		渐近显著性	0.134

（四）不同学历的教师对资金激励制度的满意度差异

从表6-22可以看出，不同学历的教师对资金激励制度的满意度并不完全服从正态分布。

表6-22　正态分布检测

（不同学历教师对资金激励制度的满意度）

类别		指标					
		Kolmogorov-Smirnoff（a）			Shapiro-Wilke		
激励制度	学历	统计	自由度	显著性	统计	自由度	显著性
资金激励制度	博士	0.093	78	0.092	0.983	78	0.390
	硕士	0.090	173	0.002	0.960	173	0.000
	本科	0.210	17	0.044	0.817	17	0.003

注：1.*为真实显著性的下限。

2.a为Rielly显著校正。

本书采用非参数Kruskal-Wallis方法检验不同学历的教师对资金激励制度的满意度差异，结果如表6-23所示，可以看出不同学历的教师对资金激励制度的满意度没有显著差异（渐近显著性为0.183，大于0.05）。

表6-23　测试统计

（不同学历教师对资金激励制度的满意度）

类别		指标	
激励制度	分组变量	统计	值
资金激励制度	学历	Kruskal-Wallis	3.400
		渐近显著性	0.183

（五）不同学科专业教师对资金激励制度的满意度差异

从表6-24中可以看出，不同学科专业的教师对资金激励制度的满意度不服从正态分布。

表6-24　正态分布检测

（不同学科专业教师对资金激励制度的满意度）

类别		指标					
		Kolmogorov–Smirnoff（a）			Shapiro–Wilke		
激励制度	学科专业	统计	自由度	显著性	统计	自由度	显著性
资金激励制度	文科专业	0.098	132	0.003	0.970	132	0.005
	理科专业	0.085	90	0.124	0.957	90	0.004
	工科专业	0.152	46	0.009	0.942	46	0.024

注：1.*为真实显著性的下限。

2.a为Rielly显著校正。

本书采用非参数Kruskal-Wallis方法检验不同学科专业教师对资金激励制度的满意度差异，结果如表6-25所示，可以看出不同学科专业的教师对资金激励制度的满意度没有显著差异（渐近显著性为0.080，大于0.05）。

表6-25　测试统计

（不同学科专业教师对资金激励制度的满意度）

类别		指标	
激励制度	分组变量	统计	值
资金激励制度	学科专业	Kruskal–Wallis	5.046
		渐近显著性	0.080

三、人口个性特征与教师对荣誉激励制度的满意度的关系

(一) 不同年龄段教师对荣誉激励制度的满意度差异

从表6-26中可以看出，不同年龄段教师对学校发展教学学术的荣誉激励制度的满意度不服从正态分布。

表6-26 正态分布检测
(不同年龄段教师对荣誉激励制度的满意度)

类别		指标					
		Kolmogorov-Smirnoff(a)			Shapiro-Wilke		
激励制度	年龄段	统计	自由度	显著性	统计	自由度	显著性
荣誉激励制度	20～29岁年龄段	0.182	25	0.032	0.884	25	0.008
	30～39岁年龄段	0.204	118	0.000	0.893	118	0.000
	40～49岁年龄段	0.162	94	0.000	0.960	94	0.006
	50～59岁年龄段	0.226	31	0.000	0.919	31	0.022

注：1.*为真实显著性的下限。
2.a为Rielly显著校正。

根据已知条件，本书采用非参数Kruskal-Wallis方法检验不同年龄段教师对学校发展教学学术的荣誉激励制度的满意度差异，结果如表6-27所示。从表6-27中可以看出,，不同年龄段教师对学校发展教学学术的荣誉激励制度的满意度之间没有显著性差异（渐近显著性为0.208，大于0.05）。

表6-27　测试统计

（不同年龄段教师对荣誉激励制度的满意度）

类别		指标	
激励制度	分组变量	统计	值
荣誉激励制度	年龄段	Kruskal-Wallis	4.547
		渐近显著性	0.208

（二）不同地域教师对荣誉激励制度的满意度差异

从表6-28的正态分布检测结果中可以看出，不同地域教师对学校发展教学学术的荣誉激励制度的满意度不服从正态分布。

表6-28　正态分布检测

（不同地域教师对荣誉激励制度的满意度）

类别		指标					
		Kolmogorov-Smirnoff（a）			Shapiro-Wilke		
激励制度	地域	统计	自由度	显著性	统计	自由度	显著性
荣誉激励制度	发达地区	0.158	65	0.000	0.963	65	0.048
	中部地区	0.160	104	0.000	0.962	104	0.004
	欠发达地区	0.266	99	0.000	0.853	99	0.000

注：1.*为真实显著性的下限。

　　2.a为Rielly显著校正。

本书采用非参数Kruskal-Wallis方法检验不同地域教师对学校发展教学学术的荣誉激励制度的满意度差异，结果如表6-29所示。从表6-29中可以看出，不同地域教师对学校发展教学学术的荣誉激励制度的满意度存在显著差异（渐近显著性为0.002，小于0.05）。另外，调查数据显示，发达地区、中部地区和欠发达地区教师对学校发展教学学术的荣誉激励制度的满意度的平均值分别为 16.74、15.52 和 14.92，发达地区最高，欠发达地区最低。

表6-29　测试统计

（不同地域教师对荣誉激励制度的满意度）

类别		指标	
激励制度	分组变量	统计	值
荣誉激励制度	地域	Kruskal-Wallis	12.855
		渐近显著性	0.002

（三）不同职称教师对荣誉激励制度的满意度差异

从表6-30中可以看出，不同职称教师对学校发展教学学术的荣誉激励制度的满意度并不完全服从正态分布。

表6-30　正态分布检测

（不同职称教师对荣誉激励制度的满意度）

类别		指标					
		Kolmogorov-Smirnoff（a）			Shapiro-Wilke		
激励制度	职称	统计	自由度	显著性	统计	自由度	显著性
荣誉激励制度	教授（研究员）	0.151	26	0.133	0.939	26	0.129
	副教授（副研究员）	0.178	104	0.000	0.951	104	0.001
荣誉激励制度	讲师	0.178	121	0.000	0.934	121	0.000
	助教	0.324	17	0.000	0.771	17	0.001

注：1.* 为真实显著性的下限。

　　2.a 为 Rielly 显著校正。

本书采用非参数 Kruskal-Wallis 方法检验不同职称教师对学校发展教学学

术的荣誉激励制度的满意度差异,结果如表6-31所示。从表6-31中可以看出,不同职称教师对学校发展教学学术的荣誉激励制度的满意度没有显著差异(渐近显著性为0.201,大于0.05)。

表6-31 测试统计

(不同职称教师对荣誉激励制度的满意度)

类别		指标	
激励制度	分组变量	统计	值
荣誉激励制度	职称	Kruskal-Wallis	4.629
		渐近显著性	0.201

(四)不同学历教师对荣誉激励制度的满意度差异

从表6-32中可以看出,不同学历的教师对学校发展教学学术的荣誉激励制度的满意度不服从正态分布。

表6-32 正态分布检测

(不同学历教师对荣誉激励制度的满意度)

类别		指标					
		Kolmogorov-Smirnoff(a)			Shapiro-Wilke		
激励制度	学历	统计	自由度	显著性	统计	自由度	显著性
荣誉激励制度	博士	0.147	78	0.000	0.950	78	0.004
	硕士	0.204	173	0.000	0.923	173	0.000
	本科	0.224	17	0.024	0.837	17	0.007

注:1.*为真实显著性的下限。

2.a 为 Rielly 显著校正。

本书采用非参数 Kruskal-Wallis 方法检验不同学历教师对学校发展教学学

术的荣誉激励制度的满意度差异，结果如表6-33所示。从表6-33中可以看出，不同学历的教师对学校发展教学学术的荣誉激励制度的满意度没有显著差异（渐近显著性为0.688，大于0.05）。

表6-33 测试统计

（不同学历教师对荣誉激励制度的满意度）

类别		指标	
激励制度	分组变量	统计	值
荣誉激励制度	学历	Kruskal-Wallis	0.747
		渐近显著性	0.688

（五）不同学科专业教师对荣誉激励制度的满意度差异

从表6-34中可以看出，不同学科专业教师对学校发展教学学术的荣誉激励制度的满意度不服从正态分布。

表6-34 正态分布检测

（不同学科专业教师对荣誉激励制度的满意度）

类别		指标					
		Kolmogorov-Smirnoff（a）			Shapiro-Wilke		
激励制度	学科专业	统计	自由度	显著性	统计	自由度	显著性
荣誉激励制度	文科	0.208	132	0.000	0.923	132	0.000
	理科	0.178	90	0.000	0.935	90	0.000
	工科	0.186	46	0.000	0.923	46	0.005

注：1.* 为真实显著性的下限。

2.a 为Rielly显著校正。

根据现有条件和要求，本书采用非参数Kruskal-Wallis方法检验不同学科专业教师对学校发展教学学术的荣誉激励制度的满意度差异，结果如表6-35

所示。从表 6-35 中可以看出，不同学科专业教师对学校发展教学学术的荣誉激励制度的满意度没有显著性差异（渐近显著性为 0.581，大于 0.05）。

表6-35 测试统计

（不同学科专业教师对荣誉激励制度的满意度）

类别		指标	
激励制度	分组变量	统计	值
激励 3	学科专业	Kruskal-Wallis	1.086
		渐近显著性	0.581

第三节　人口个性特征与教师对考核制度满意度的关系

一、不同年龄段教师对学校教学学术能力考核制度的满意度差异

从表 6-36 中可以看出，不同年龄段教师对学校教学学术能力考核制度的满意度并不完全服从正态分布。因此，本书采用非参数 Kruskal-Wallis 方法检验不同年龄段教师对学校教学学术能力考核制度的满意度差异，结果如表 6-37 所示。从表 6-37 中可以看出，不同年龄段教师对学校教学学术能力考核制度的满意度没有显著差异（渐近显著性为 0.471，大于 0.05）。

表6-36 正态分布检测

（年龄与考核制度满意度）

类别		指标					
		Kolmogorov-Smirnoff（a）			Shapiro-Wilke		
满意度分类	年龄段	统计	自由度	显著性	统计	自由度	显著性
考核制度	20～29岁年龄段	0.183	25	0.030	0.929	25	0.080
	30～39岁年龄段	0.082	118	0.051	0.988	118	0.382
	40～49岁年龄段	0.150	94	0.000	0.964	94	0.011
	50～60岁年龄段	0.083	31	0.200*	0.982	31	0.857

注：1.*为真实显著性的下限。

2.a为Rielly显著校正。

表6-37 测试统计

（年龄与考核制度满意度）

类别		指标	
满意度分类	分组变量	统计	值
考核制度	年龄段	Kruskal-Wallis	2.523
		渐近显著性	0.471

二、不同地域教师对学校教学学术能力考核制度的满意度差异

从表6-38中可以看出，不同地域的教师对学校教学学术能力考核制度的

满意度并不完全服从正态分布。

表6-38 正态分布检测

（地域与考核制度满意度）

类别		指标					
		Kolmogorov-Smirnoff（a）			Shapiro-Wilke		
满意度分类	地域	统计	自由度	显著性	统计	自由度	显著性
考核制度	发达地区	0.143	65	0.002	0.937	65	0.003
	中部地区	0.075	104	0.171	0.987	104	0.381
	欠发达地区	0.135	99	0.000	0.971	99	0.026

注：1.*为真实显著性的下限。

2.a 为 Rielly 显著校正。

根据现有条件和要求，本书采用非参数 Kruskal-Wallis 方法检验不同地域的教师对学校教学学术能力考核制度的满意度差异，结果如表6-39所示。从表6-39中可以看出，不同地域的教师对学校教学学术能力考核制度的满意度没有显著差异（渐近显著性为0.315，大于0.05）。

表6-39 测试统计

（地域与考核制度满意度）

类别		指标	
满意度分类	分组变量	统计	值
考核制度	地域	Kruskal-Wallis	2.314
		渐近显著性	0.315

三、不同职称教师对学校教学学术能力考核制度的满意度差异

不同职称的教师对学校教学学术能力考核制度满意度的正态分布检测结果如表6-40所示。

表6-40 正态分布检测

（职称与考核制度满意度）

类别		指标					
		Kolmogorov–Smirnoff（a）			Shapiro–Wilke		
满意度分类	职称	统计	自由度	显著性	统计	自由度	显著性
考核制度	教授（研究员）	0.194	26	0.013	0.921	26	0.047
	副教授（副研究员）	0.080	104	0.101	0.990	104	0.606
	讲师	0.118	121	0.000	0.978	121	0.050
	助教	0.246	17	0.007	0.767	17	0.001

注：1.*为真实显著性的下限。

2.a为Rielly显著校正。

从表6-40中可以看出，不同职称的教师对学校教学学术能力考核制度的满意度并不完全服从正态分布。根据现有条件和要求，本书采用非参数Kruskal–Wallis方法检验不同职称的教师对学校教学学术能力考核制度的满意度差异，结果如表6-41所示。从表6-41中可以看出不同职称教师对学校教学学术能力考核制度的满意度没有显著差异（渐近显著性为0.082，大于0.05）。

表6-41 测试统计

（职称与考核制度）

类别		指标	
满意度分类	分组变量	统计	值
考核制度	职称	Kruskal-Wallis	6.716
		渐近显著性	0.082

四、不同学历教师对学校教学学术能力考核制度的满意度差异

不同学历教师对学校教学学术能力考核制度满意度的正态分布检测结果如表6-42所示。从表6-42中可以看出，不同学历教师对学校教学学术能力考核制度的满意度并不完全服从正态分布。

表6-42 正态分布检测

（学历与考核制度满意度）

类别		指标					
		Kolmogorov-Smirnoff（a）			Shapiro-Wilke		
满意度分类	学历	统计	自由度	显著性	统计	自由度	显著性
考核制度	博士	0.109	78	0.023	0.971	78	0.073
	硕士	0.130	173	0.000	0.977	173	0.005
	本科	0.115	17	0.200*	0.970*	17	0.814

注：1.*为真实显著性的下限。

2.a为Rielly显著校正。

根据现有条件和要求，本书采用非参数Kruskal-Wallis方法检验不同学历教师对学校教学学术能力考核制度的满意度差异，结果如表6-43所示。从表

6-43中可以看出，不同学历的教师对学校教学学术能力考核制度的满意度没有显著差异（渐近显著性为0.683，大于0.05）。

表6-43 测试统计

（学历与考核制度满意度）

类别		指标	
满意度分析	分组变量	统计	值
考核制度	学历	Kruskal-Wallis	0.763
		渐近显著性	0.683

五、不同学科专业教师对学校教学学术能力考核制度的满意度差异

不同学科专业的教师对学校教学学术能力考核制度满意度的正态分布检测结果如表6-44所示。从表6-44中可以看出，不同学科专业的教师对学校教学学术能力考核制度的满意度并不完全服从正态分布。

表6-44 正态分布检测

（学科专业与考核制度满意度）

类别		指标					
		Kolmogorov-Smirnoff（a）			Shapiro-Wilke		
满意度分类	学科专业	统计	自由度	显著性	统计	自由度	显著性
考核制度	文科	0.090	132	0.010	0.991	132	0.587
	理科	0.125	90	0.001	0.970	90	0.030

续 表

类别		指标					
		Kolmogorov-Smirnoff（a）			Shapiro-Wilke		
满意度分类	学科专业	统计	自由度	显著性	统计	自由度	显著性
考核制度	工科	0.159	46	0.005	0.970	46	0.271

注：1.*为真实显著性的下限。

2.a 为 Rielly 显著校正。

根据现有条件和要求，本书采用非参数 Kruskal-Wallis 方法检验不同学科专业教师对学校教学学术能力考核制度的满意度差异，结果如表6-45所示。从表6-45中可以看出，不同学科专业教师对学校教学学术能力考核制度的满意度没有显著差异（渐近显著性为0.833，大于0.05）。

表6-45 测试统计

（学科专业与考核制度满意度）

类别		指标	
满意度分类	分组变量	统计	值
考核制度	学科专业	Kruskal-Wallis	0.365
		渐近显著性	0.833

第四节 激励制度与考核制度之间的关系

一、激励制度与考核制度之间的相关性

下面将根据地方高校教师对学校发展教学学术能力的总体激励制度、资金激励制度和荣誉激励制度的满意度分析激励制度与考核制度之间的相关性。

（一）地方高校教师对整体激励制度的满意度与对学校教学学术能力考核制度的满意度之间的相关性

从表6-46的正态分布检测结果中可以看出，地方高校教师对学校发展教学学术能力的整体激励制度的满意度和对学校教学学术能力考核制度的满意度不服从正态分布（Shapiro-Wilke的显著性分别为0.000和0.008，小于0.05）。因此，本书使用斯皮尔曼相关系数计算方法来计算教师对整体激励制度的满意度和对学校教学学术能力考核制度的满意度之间的相关性，计算结果如表6-47所示。从表6-47中可以看出，教师对整体激励制度的满意度和对学校教学学术能力考核制度的满意度之间的相关系数为0.425**，在0.01双尾检验条件下，两者的相关性具有非常显著的特征。

表6-46 正态分布检测
（整体激励制度满意度与考核制度满意度）

类别	指标					
	Kolmogorov-Smirnoff（a）			Shapiro-Wilke		
	统计	自由度	显著性	统计	自由度	显著性
整体激励制度	0.086	268	0.000	0.972	268	0.000

续　表

类别	指标					
	Kolmogorov-Smirnoff（a）			Shapiro-Wilke		
	统计	自由度	显著性	统计	自由度	显著性
考核制度	0.110	268	0.000	0.986	268	0.008

注：1.*为真实显著性的下限。

　　2.a为Rielly显著校正。

表6-47　整体激励制度满意度与考核制度满意度的相关性

相关系数	Sig（双尾）	数量
0.425**	0.000	268

注：1.*表示在0.05双尾检验条件下，相关性是显著的。

　　2.**表示在0.01双尾检验条件下，相关性是显著的。

（二）地方高校教师对资金激励制度的满意度与学校教学学术能力考核制度的满意度之间的相关性

从表6-48的正态分布检测结果中可以看出，教师对学校发展教学学术能力的资金激励制度的满意度和教师对学校教学学术能力考核制度的满意度不服从正态分布（Shapiro-Wilke的显著性分别为0.000和0.008，小于0.05）。因此，本书使用斯皮尔曼相关系数计算方法来计算教师对学校资金激励制度的满意度和对学校教学学术能力考核制度的满意度之间的相关性，计算结果如表6-49所示。从表6-49中可以看出，教师对资金激励制度的满意度和对考核制度的满意度之间的相关系数为0.430**，在0.01双尾检验条件下，它们的相关性具有非常显著的特征。

表6-48 正态分布检测
（资金激励制度满意度与考核制度满意度）

类别	指标					
	Kolmogorov–Smirnoff（a）			Shapiro–Wilke		
	统计	自由度	显著性	统计	自由度	显著性
资金激励制度	0.076	268	0.001	0.969	268	0.000
考核制度	0.110	268	0.000	0.986	268	0.008

注：1.* 为真实显著性的下限。

2.a 为 Rielly 显著校正。

表6-49 资金激励制度满意度与考核制度满意度的相关性

相关系数	Sig（双尾）	数量
0.430**	0.000	268

注：1.* 表示在 0.05 双尾检验条件下，相关性是显著的。

2.** 表示在 0.01 双尾检验条件下，相关性是显著的。

（三）地方高校教师对荣誉激励制度的满意度与对学校教学学术能力考核制度的满意度之间的相关性

从表 6-50 的正态分布检测结果中可以看出，教师对学校发展教学学术能力的荣誉激励制度的满意度和教师对学校教学学术能力考核制度的满意度不服从正态分布（Shapiro-Wilke 的显著性分别为 0.000 和 0.008，小于 0.05）。因此，本书采用斯皮尔曼相关系数计算方法来计算教师对学校荣誉激励制度的满意度和对学校教学学术能力考核制度的满意度之间的相关性，计算结果如表 6-51 所示。从表 6-51 中可以看出，教师对荣誉激励制度的满意度和对考核制度的满意度之间的相关系数为 0.339**，在 0.01 双尾检验条件下，它们的相关性具有非常显著的特征。

表6-50　正态分布检测

（荣誉激励制度满意度与考核制度满意度）

类别	指标					
	Kolmogorov–Smirnoff（a）			Shapiro–Wilke		
	统计	自由度	显著性	统计	自由度	显著性
荣誉激励制度	0.188	268	0.000	0.937	268	0.000
考核制度	0.110	268	0.000	0.986	268	0.008

注：1.* 为真实显著性的下限。

　　2.a 为 Rielly 显著校正。

表6-51　荣誉激励制度满意度与考核制度满意度相关性

相关系数	Sig（双尾）	数量
0.339**	0.000	268

注：1.* 表示在 0.05 双尾检验条件下，相关性是显著的。

　　2.** 表示在 0.01 双尾检验条件下，相关性是显著的。

二、考核制度、激励制度与教学学术能力的回归分析

为了进一步确定学校发展教师教学学术能力的考核制度、激励制度和教师的教学学术能力之间的稳定关系，本书以教学学术能力为因变量，以考核制度和激励制度为自变量，进行了"逐步"线性回归分析，结果如下：从表6-52中可以看出，激励制度因素为可排除变量（变量排除的显著性为0.779，大于0.05）；从表6-53中可以看出，考核制度因素的 R^2 值为0.171，表明因变量的17.1%方差可以用来解释自变量（考核制度对教学学术能力的解释程度）。

表6-52 变量排除

自变量	输入 β	t	显著性	部分相关性
激励制度	0.018	0.281	0.779	0.017

表6-53 简要模型

自变量	R	R^2	调整后的 R	标准估计误差
考核制度	0.413	0.171	0.168	9.688 99

从表6-54中可以看出,回归模型的显著性为0.000,小于0.05,表明考核制度尽管不能很好地解释教学学术能力,但可以显著预测教学学术能力。根据表6-55可以得到如下预测模型：

$$y=35.865+0.652 \times 考核制度值（y 为教学学术能力）$$

表6-54 方差分析

模型	平方和	自由度	均方	F	显著性
回归模型	5 146.820	1	5 146.820	54.825	0.000
残余模型	24 971.180	266	93.877	—	—

表6-55 相关系数

类别	β	标准误差	标准化系数 β	t	显著性
常量	35.865	2.389	—	15.014	0.000
考核制度	0.652	0.088	0.413	—	0.000

第七章 研究发现与提升策略

第一节 研究发现

一、人口个性特征与教学学术能力

在年龄与地域的相互作用中,20～29岁年龄段教师的教学学术能力与其他年龄段教师存在显著差异,其中欠发达地区20～29岁年龄段教师的教学学术能力最差(平均值为44.36)。

在年龄与职称的相互作用中,30～39岁年龄段助教的教学学术能力最差(平均值为37.00);30～39岁年龄段的副教授(副研究员)的教学学术能力最强(平均值为62.10);50～59岁年龄段的教授(研究员)的教学学术能力(平均值为61.17)仅次于30～39岁年龄段的副教授(副研究员);40～49岁年龄段的教授(研究员)的教学学术能力也很强(平均值为59.40);其他年龄段教师的教学学术能力不突出。

在年龄与学历的相互作用中,20～29岁年龄段仅具有硕士学位的教师的教学学术能力最差(平均值为42.67);30～39岁年龄段仅具有本科学历教师的教学学术能力最强(平均值为60.00);40～49岁年龄段和20～29岁年龄段具有博士学位的教师也具有较强的教学学术能力,平均值分别为57.31和56.67。

在年龄与学科专业的相互作用中,50～59岁年龄段理科专业的教师具有最强的教学学术能力(平均值为57.00);40～49岁年龄段和30～39岁年龄段的工科专业教师也具有较强的教学学术能力,平均值分别为56.92和55.96;20～29岁年龄段的文科专业教师的教学学术能力最差(平均值为44.54);20～29岁年龄段的理科教师的教学学术能力较差(平均值为47.30)。

第七章 研究发现与提升策略

在地域与职称的相互作用中，发达地区教授（研究员）、发达地区副教授（副研究员）和中部地区副教授（副研究员）的教学学术能力排名前三，平均值分别为62.15、57.62和56.38；欠发达地区助教的教学学术能力最差（平均值为40.91）。

在地域与学历的相互作用中，发达地区只有本科学历的教师具有最强的教学学术能力（平均值为68.67）；发达地区具有博士学位的教师也具有较强的教学学术能力（平均值为58.24）；在欠发达地区，仅有本科学历的教师的教学学术能力最差（平均值为44.78）；在中部地区，仅有本科学历的教师的教学学术能力也不理想（平均值为49.40）。

在地域与学科专业的相互作用中，发达地区工科专业教师的教学学术能力最强（平均值为59.29）；发达地区和中部地区文科专业教师的教学学术能力也较强；中部地区理科专业教师和欠发达地区各专业教师的教学学术能力非常弱。

在职称与学历的相互作用中，仅具有本科学历或具有博士学位的教授（研究员）具有较强的教学学术能力，平均值分别为68.50和62.00；具有博士学位的助教和副教授（副研究员）也具有较强的教学学术能力，平均值分别为59.50和56.68；仅具有本科学历的助教和仅具有硕士学位的助教的教学学术能力最差，平均值分别为28.00和39.69；仅具有本科学历的讲师和仅具有硕士学位的讲师的教学学术能力也较低，平均值分别为41.00和50.76。

在职称与学科专业的相互作用中，高职称教师的教学学术能力普遍较高，各学科专业低职称教师的教学学术能力普遍较低。其中，工科专业教授（研究员）的教学学术能力最高（平均值为64.43），文科和理科专业的教授（研究员）的教学学术能力的平均值分别为60.11和54.90，文科和理科专业副教授（副研究员）的教学学术能力的平均值分别为55.08和55.69。

在学历与学科专业的相互作用中，具有文科专业博士学位的教师和具有工科专业硕士学位的教师具有较强的教学学术能力，平均值分别为59.55和56.26。文科专业仅具有本科学历的教师的教学学术能力的平均值为47.40，是最低的。理科专业有硕士学位的教师的教学学术能力的平均值为49.91，也较低。

二、不同期望与教学学术能力

对职称晋升、教学工作环境、教学能力现状和自我价值实现持积极态度的教师，其教学学术能力显著高于持消极态度的教师；对家庭生活持不同满意度的教师，他们的教学学术能力高低没有显著区别。

三、激励制度与教学学术能力

学校教学学术能力的整体激励制度与教师的教学学术能力存在显著相关性。发达地区的教师比中部地区和欠发达地区的教师更满意学校的整体激励制度；教师对学校整体激励制度的满意度随着教师职称的降低而下降；不同学历的教师对学校整体激励制度的态度没有明显差异，但只有本科学历的教师对学校整体激励制度的满意度最高。

资金激励制度与教师的教学学术能力之间存在显著相关性。不同年龄段、不同职称、不同学历、不同学科专业的教师对资金激励制度的满意度没有显著差异，但发达地区和中部地区教师的满意度与欠发达地区教师的满意度存在显著差异，前两者显著高于后者。

荣誉激励制度与教师的教学学术能力之间没有显著的相关性，不同年龄段、不同职称、不同学历、不同学科专业的教师对荣誉激励的满意度差异不显著。然而，不同地区教师对荣誉激励制度的态度存在显著差异，发达地区教师对学校荣誉激励制度的满意度最高，欠发达地区最低。

四、考核制度与教学学术能力

教师对教学学术能力考核制度的满意度与教师的教学学术能力在0.01双

尾检验条件下存在显著相关性。然而，不同年龄段、不同地域、不同职称、不同学历和不同学科专业的教师对教学学术能力考核制度的满意度没有显著差异。

五、激励制度与考核制度

学校教学学术能力的整体激励制度、资金激励制度和荣誉激励制度与学校对教师教学学术能力的考核制度之间存在非常显著的相关性。

六、人口个性特征与个人期望

年龄和晋升职称的态度之间存在非常显著的相关性，年龄越小，晋升职称的愿望越强烈；年龄与自我价值实现和家庭生活的满意度呈显著相关，年龄越大，对自我价值实现和家庭生活的满意度越高。

地域与职称晋升态度、教学工作环境满意度、教学能力满意度和自我价值实现呈正相关。发达地区教师对职称晋升的热情最高，对教学环境的满意度最高，对自身教学能力和自我价值实现的满意度也最高。欠发达地区教师对职称晋升的积极性最高，对教学环境的满意度最低，对自身教学能力和自我价值实现的满意度也最低。地域与家庭生活满意度之间没有显著相关性。

职称与对职称晋升的态度之间存在非常显著的负相关。讲师对职称晋升的积极性最高，副教授（副研究员）的积极性排第二。职称与教学工作环境、教学能力现状满意度、实现自我价值满意度和家庭生活满意度之间存在极显著的正相关，职称越高满意度越高，职称越低满意度越低。

学历与职称晋升的积极性之间存在非常显著的正相关关系，博士学位职称晋升的积极性最高，其次是硕士学位；学历与教学工作环境的满意度、教学能力的满意度、自我价值实现的满意度和家庭生活的满意度之间没有显著相关性。只有本科学历的教师对教学工作环境、教学能力状况、自我价值实现和家庭生活的满意度最高，硕士学位的教师满意度最低。

学科专业与职称晋升、教学工作环境满意度、教学能力现状满意度、自我价值实现满意度和家庭生活满意度之间无显著相关性。理科专业教师对职称晋升的态度最积极，对教学工作环境最满意；文科专业教师对家庭生活的满意度最高；工科专业教师对家庭生活的满意度最低。

第二节　当前地方高校教师教学学术能力发展存在的问题及原因分析

一、不同年龄段教师的教学学术能力发展不平衡

从前面对调查数据进行分析的结果来看，总体上，低年龄段且低学历的教师的教学学术能力普遍较弱。从局部来看，欠发达地区20～29岁年龄段教师的教学学术能力最差，中青年教师的教学学术能力普遍较强（助教除外）；20～29岁年龄段具有博士学位的教师也具有较强的教学学术能力；20～29岁和30～39岁年龄段职称较低的教师（讲师和助教）的教学学术能力发展也不理想；50～59岁的理科专业教师具有最强的教学学术能力，但50～59岁具有副教授（副研究员）职称的教师的教学学术能力整体水平较差。

可能的原因分析：第一，大部分年龄较低的教师还处于职业生涯的初期，教学方法、教学改革和教学创新还处于摸索阶段，受教学和科研经验等的限制，他们的教学学术能力普遍偏弱，但是年龄较低且具有博士学位的教师则不同，他们在博士学习期间，其科研能力得到了系统的训练，在一定程度上弥补了教学经验的不足，所以他们的教学学术能力比年龄低、学历也低的教师要强；第二，中青年阶段是教师职业能力的"分水岭"时期，能力较强的教师，

其职称晋升快，教学学术能力较强，而对于能力较弱的群体，其职称晋升无望，受消极情绪的影响，他们的教学学术能力较弱；第三，50～59岁不同职称、不同专业的教师的教学学术能力也会受到消极因素的影响，导致教学学术能力有较大差异。

二、不同地区教师的教学学术能力发展不平衡

发达地区地方高校教师的教学学术能力的发展相对较好，远远高于中部和欠发达地区，但是发展不平衡，其中只有本科学历的教师具有最强的教学学术能力，具有博士学位的教师次之；发达地区工科专业教师的教学学术能力比其他学科专业的教师的教学学术能力强。欠发达地区地方高校教师的教学学术能力总体水平不理想，只有具有博士学位的教师具有相对较好的教学学术能力。中部地区地方高校教师的教学学术能力不突出，只有文科专业教师的教学学术能力较强。

可能的原因分析：第一，发达地区由于经济发展较好，学校的条件比中部和欠发达地区好，所以地方高校教师的门槛较高，学校对教师教学中的要求也较高，学历高、动手能力强的教师比较普遍，教师教学和科研的积极性和主动性较高，他们一般具有特殊的能力，其教学学术能力较好；第二，发达地区由于经济发达，工业水平较高，因此工科专业的教师比其他学科专业的教师的影响更大、发展更好，其教学学术能力更强；第三，欠发达地区由于受到经济与社会发展的影响，教师的能力与发达地区相比处于弱势，只有具有博士学位的教师相对好一些，但也不突出；第四，中部地区由于所处的位置，教师的教学学术能力比欠发达地区好，但与发达地区相比仍有差距，只有部分教师的教学学术能力较强，这与学校的实际发展情况是相匹配的。

三、不同职称教师的教学学术能力发展不平衡

低职称教师的教学学术能力普遍较弱，其中30～39岁年龄段助教的教

学学术能力最差，具有博士学位的助教却具有较强的教学学术能力；具有高职称和高学历的教师的教学学术能力普遍较强，其中具有教授（研究员）职称的教师的教学学术能力普遍较好，特别是中青年教授（研究员），但50～59岁年龄段的副教授（副研究员）的教学学术能力却较弱。

可能的原因分析：第一，对于年龄低、入职不久的教师，他们大多任务重、工作压力大，既要学习教学内容，又要学习备课和教学方法，还需要积极开展科学研究，导致他们的经验不足，教学学术能力处于较低水平；第二，对于中青年或高年龄段的教师，他们因为自身的原因"选择性放弃"教学学术能力的发展，导致教学学术能力不足；第三，对于高职称、高学历的教师，他们一般具有较高的学术地位，获得的各类奖项和开展交流的机会多于低职称和低学历的教师，所以教学学术能力较强；第四，对于50～59岁年龄段的副教授，他们因为年龄、家庭和学校职称的晋升条件等因素，大部分处于"选择性放弃"阶段，所以教学学术能力也不强。

四、不同学历教师的教学学术能力发展不平衡

从调查的数据中可以看出，具有高学历的教师的教学学术能力普遍较强。40～49岁具有博士学位教师的教学学术能力最强，平均值为57.31；20～29岁年龄段具有博士学位的教师也具有较强的教学学术能力，平均值为56.67。仅具有本科学历的助教和仅具有硕士学位的助教的教学学术能力较差，平均值分别为28.00和39.69；仅具有本科学历的讲师和仅具有硕士学位的讲师的教学学术能力也较低，平均值分别为41.00和50.76。文科专业仅具有本科学历的教师的教学学术能力的平均值为47.40，是最低的；理科专业具有硕士学位的教师的教学学术能力平均值为49.91，也较低；工科专业具有硕士学位的教师具有较强的教学学术能力，平均值为56.26。具有硕士学位的教授（研究员）和副教授（副研究员）也具有较强的教学学术能力，平均值分别为53.60和55.91。

可能的原因分析：第一，对于具有博士学位的教师，他们一般通过了长

期的正规性训练，与仅具有硕士学位的教师相比，具有科学研究优势；第二，工科专业更重视实践动手能力，因此与其他学科专业相比，工科专业具有硕士学位的教师具有较强的教学学术能力优势；第三，对于具有硕士学位的高职称教师，他们由于入职相对较早，积累的经验较丰富，特别是中青年教师，他们具有自己的理想和抱负，发展教学学术的积极性较高，因此具有较强的教学学术能力。

五、地方高校的教学学术能力考核制度还需进一步完善

从调查数据的分析结果中可以看出，教师对学校教学学术能力考核制度的满意度与教师的教学学术能力之间在相关水平为 0.01 的层次上存在显著的相关性。国内地方高校教师对学校教学学术能力考核制度的整体满意度不高（平均水平未达到总分的 60%），并且随着年龄的增长，教师对学校教学学术能力的考核制度越来越不满意；对于具有教授（研究员）职称的教师，随着年龄的增长，他们对学校教学学术能力考核制度的满意度增加，具有副教授（副研究员）、讲师、助教职称的教师则相反。

可能的原因分析：第一，高校管理者一般都具有教授（研究员）职称，且大部分年龄较大，属于评估者；第二，职称较低的教师具有较大的发展空间，对自己的未来充满期待，因此他们对学校教学学术能力的考核制度具有较高的期待；第三，教学学术能力的考核标准太单一，没有针对性和区分度。

六、地方高校的教学学术能力激励制度还需进一步强化

根据调查数据的分析结果可知：学校的资金激励制度与教师的教学学术能力密切相关；职称与职称晋升态度呈显著负相关，职称与教学工作环境满意度、教学能力状况满意度、自我价值实现满意度和家庭生活满意度呈显著正相关；学历与职称晋升的积极性之间存在非常显著的正相关；荣誉激励制度与教师的教学学术能力的相关性不明显。

当前教师对学校发展教学学术能力的激励制度的满意度不高,职称与自我期望具有显著相关性,其中职称越低、学历越高的教师对职称晋升的态度越强烈。可以看出,教师对发展教学学术能力具有较高的期望,他们对学校的激励制度也充满期待。然而,教师的教学学术能力和教师对教学学术能力激励制度的满意度水平反映了教师的期待与现实存在一定差距。

可能的原因分析:第一,地方高校对教学改革和创新的经费资助力度不够,如在项目立项方面,科研项目的经费资助明显高于教学改革项目,而在奖励方面,学校对教学改革论文的奖励太低,有些近乎空白,对科研论文的奖励力度却较大,对教学比赛获奖的奖励明显低于科研获奖;第二,职称低容易使地位与待遇变低,教师对自我期望的满意度低,自然会对职称晋升有所渴望,特别是低职称、高学历的教师,他们的期待高且强烈。

七、教师的自我期望和满意度需进一步提高

态度对教学学术能力的发展有一定的影响。通过调查数据的分析结果可以看出,对职称晋升、教学工作环境、自身教学能力现状和自我价值实现持积极态度的教师的教学学术能力明显强于持消极态度的教师,其中年龄与晋升职称态度具有显著相关性;年龄与自我价值实现和家庭生活满意度呈显著负相关;地域与职称晋升态度、教学工作环境、自我教学能力现状和自我价值实现具有显著相关性;学历与教学工作环境、教学能力现状、自我价值实现和对家庭生活的满意度之间没有显著相关性;学科专业与职称晋升态度、教学工作环境、教学能力现状、自我价值实现、家庭生活满意度之间无显著相关性;教师工作所属地域与家庭生活满意度之间没有显著相关性。

可能的原因分析:第一,对于对职称晋升、教学工作环境、自身教学能力现状和自我价值实现持积极态度的教师,他们对发展自身的教学学术能力的积极性高;第二,职称与薪酬具有关联性,因此从整体来看,不管是什么地区、什么年龄段、什么职称和什么学历,教师都向往职称晋升,特别是青年教师,他们的这种期望比较强烈。

第三节　提升地方高校教师教学学术能力的策略

高校承载着为国家培养人才和推动科学研究的使命，教学与科研是高校的两项"并行"的核心工作。2019 年，教育部发布《教育部关于加强新时代教育科学研究工作的意见》，鼓励教师提高教研意识，全面提升教研能力。但由于某些因素的影响，长期以来，地方高校一直存在"重科研，轻教学"的现象。高校教师的教学以及教学研究大多缺乏理论自觉和方法指导，处于自发和零散的状态，属于原生态的教学学术实践探索，教学学术能力的发展大多依靠高校教师的个人兴趣和主观认识。

随着对教学学术与教学学术能力的深入研究，学者发现，教学学术不仅为高校教师的专业成长和学术发展赋予了新的内涵，还为高校教学改革提供了新的思路，开拓了新的发展路径。

通过梳理学者的研究成果，本书发现，国内学者对高校教师的教学学术能力提升策略进行了深入研究，他们有针对性地对局部范围内的教师进行了调查研究，然后发现问题，提出了发展教师教学学术能力的策略。这些学者包括张凌（研究应用型高校）、莫依婷（研究体育教师）、武慧芳（研究河北省部分省属高校教师）、韩淑萍（研究 L 大学的部分教师）、谷木荣（研究青年教师）等。学者的研究成果具有一定的代表性，在一定的范围内具有参考价值。

教学学术的发展是一个从内到外、从观念到行动的过程，教学学术能力的发展需要教师和组织体系的共同作用。[①] 我国地方高校应从宏观和微观两个方面考虑，切实提高教师的教学学术能力。在宏观层面上，高校应加强顶层设计，构建人性化的教学学术能力考核机制和激励机制，营造良好的教学学术发

[①] 朱炎军.大学教学学术的理论审视：价值、困境与走向[J].高校教育管理,2021,15（1）:107-116.

展氛围。国外许多研究表明,教学学术在管理体系上实现真正突破的关键是高校领导者,他们直接决定着教学学术的文化规范、结构和过程。① 在微观层面上,高校在加强教学学术宣传的同时,应采取多种措施为教师教学学术能力的发展提供条件。基于本书对教学学术能力的调查数据,笔者以综合激励理论模型为理论基础,借鉴其他研究者关于提升教师教学学术能力的路径与策略研究成果,提出了提升我国地方高校教师教学学术能力的新的路径与策略,如图7-1 所示。

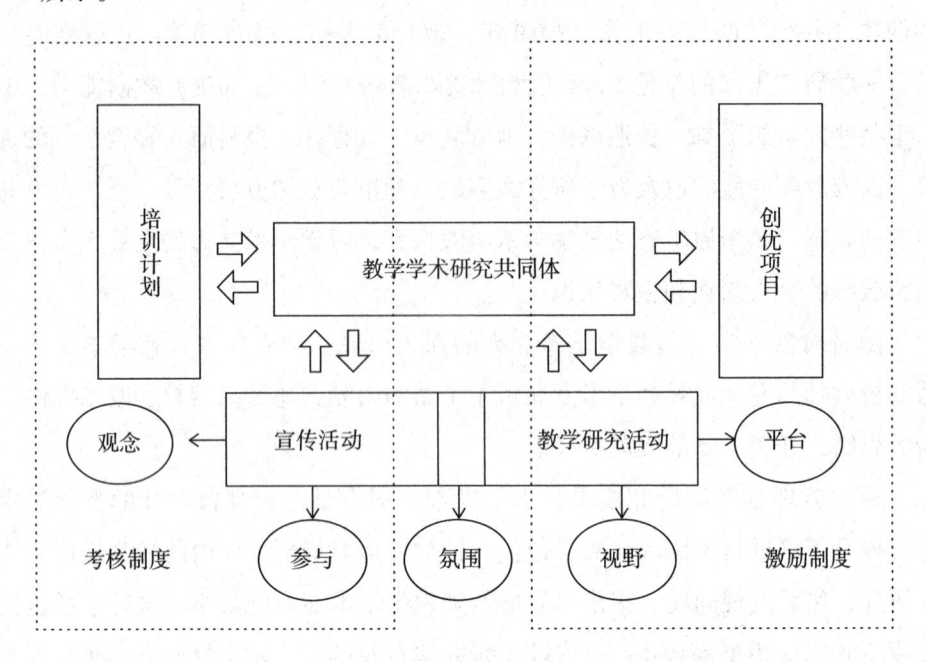

图 7-1 提升教师教学学术能力的路径与策略

一、加强宣传,提高教师对教学学术能力的认识

当教师真正持有教学学术思想,打破教学与科研的壁垒时,课堂就会成

---

① MALFROY J, WILLIS K. The role of institutional learning and teaching grants in developing academic capacity to engage successfully in the scholarship of teaching and learning[J]. International Journal for Academic Development, 2018, 23(3): 244-255.

为一个实验场所，教师能够在教学参与、反思与研究中塑造教书育人的立场与行为策略，成为"学"与"术"的驾驭者，获得自我成长的能力。[①] 根据前面对我国地方高校教师的调查数据可知，对自身教学能力现状和自我价值实现持积极态度的教师的教学学术能力明显强于持消极态度的教师。因此，在教师中加强教学学术的相关宣传具有现实意义。

（一）通过宣传加深教师对教学学术内涵的理解

教学学术被引入我国的时间较短，其影响的范围有限，再加上学科专业等多种因素的影响，教师对教学学术的了解不够深入，限制了教师教学学术能力的发展。地方高校可以通过在全校范围内对教学学术的内涵、教学学术能力发展的意义等进行宣传，促进教师对教学学术的理解，提高教师对教学学术重要性的认识，有利于教师教学学术能力的发展。

（二）通过宣传营造教学学术的研究氛围

良好的教学学术氛围在一定程度上对教师发展教学学术能力具有催化作用。学校在对教学学术的相关知识进行宣传的同时，应积极开展学校教学学术能力考核制度与激励制度的解读与宣传，这样一方面可以为教师发展教学学术能力指明方向，另一方面对教师发展教学学术能力也具有激励作用。

通过对教学学术相关知识和制度进行宣传，学校可以在一定程度上提升教师对自身现状与自我价值的认识，有利于增强教师对自身教学能力现状和自我价值实现的积极性。因此，教学学术的宣传是非常必要的。

二、积极开展各种教学研究活动，为教师提供发展教学学术能力的平台

教学研究活动可以从教学交流活动和研究活动两个方面开展，其中教学交流活动可以为教师提供教学创新与实践平台，研究活动可以为教师提供研究平台。

[①] 刘喆.什么是大学教师"教学学术能力"：内涵与发展路径[J].华东师范大学学报（教育科学版），2022，40（10）：54-64.

（一）定期开展教学交流活动

地方高校要以"教学"为根本，定期开展丰富的教学交流活动，促进教师教学能力的提升。教学交流活动可以为教师提供一个学习、交流和展示的平台，具有较强教学学术能力的教师可以在学校开展的教学交流活动中展示和分享自己的教学创新成果和经验，而缺乏教学学术能力的教师可以作为旁观者在活动中学习和获得经验。教学交流活动可以拓宽教师的教学改革与创新视野。罗杰斯的"创新模式"将教师分为4类，包括"创新型教师""品鉴教师""晚学教师""滞后教师"，其中"创新型教师"对新技术非常感兴趣，能够独立完成对新技术的学习；"品鉴教师"是第二批学习新技术的人，他们一般会先观察这项新技术能提供什么、是否有缺点，然后决定是否学习；"晚学教师"更感兴趣的是这项新技术是否有助于实现特定的教学或课程目标；"滞后教师"则认为他们没有必要学习，因为他们认为自己的教学已经非常成功，或者忙于其他事情，没有时间学习。[①]通过学校组织的丰富的教学交流活动，"创新型教师"可以在分享过程中实践自己的创新，进一步发现新的突破；"品鉴教师"可以在实践中验证自己的发现，积累经验；"晚学教师"可以在学习中找到合适的教学方法和技巧；"滞后教师"可以在参与活动中发现自己的不足。教学交流活动还可以营造教学改革与创新氛围，各种各样的教学交流活动可以将个人的教学改革与创新成果整合到一个大的环境中，教师可以在活动中与同事沟通、交流和分享，良好的交流与研究氛围可以使教师降低孤独感，增强归属感。

（二）定期开展教学学术研究活动

学校相关组织应定期开展教学学术研究活动，如讲座、沙龙、教学学术读书会、成果交流与展示会等。学校可以邀请教学学术专家开展教学学术讲座，让教师了解教学学术的研究前沿，开阔教师的视野，促进教师教学学术能力的发展。学校还可以举办教学学术沙龙、教学学术读书会等活动，教师可以展示自己的研究成果或分享自己的经验，活动参与者应积极开展讨论，发表自

---

① 刘刚. 大学教师教学学术核心能力及提升策略研究[D]. 徐州：中国矿业大学, 2021.

己的观点与建议，供展示者参考。

三、着力构建教学学术研究共同体①，营造互帮互助、共同发展的良好氛围

（一）通过教学学术研究共同体产生研究合力

教学学术研究共同体是教师价值观和信仰的重要载体，可以聚集所有热爱教学、愿意尝试教学学术讨论的教师，共同致力教学学术研究事业的发展。② 教学学术研究共同体一方面可以使教师产生教学学术研究的归属感，另一方面可以使教师的教学学术研究更具有规划性。共同体的参与者具有统一的价值观和信仰，拥有共同的目标，这些有利于他们相互配合，有规划性地开展合作和研究。

（二）实现"以点带面"，共同提高教学学术能力

教学学术研究共同体将教学学术置于师生互动、社区环境和社会互动中，强调个人角色扮演和角色责任，它通过社区（共同体）成员之间的充分沟通、协作、责任分担和共同认知，能够实现"科研支撑教学，教学滋养科研"的目标，促进教学与科研的良性循环。地方高校可以以教学学术能力强的个人或小团体为基础，着力构建教师教学学术研究共同体。例如，从调查获取的数据可以看到，50～59岁年龄段的教授（研究员）的教学学术能力的平均值为61.17，他们可以作为教学学术权威性的代表；30～39岁年龄段进具有本科学历的教师的教学学术能力的平均值为60.00，他们可以作为改革创新性的代表。地方高校可以通过在全校范围内公开选拔或者二级学院推荐的方式，本着新老结合原则，确定教学学术研究共同体的核心成员，然后通过各种方式构建教学学术研究共同体，实现"以点带面"，共同提高教学学术能力。

---

① 赵菊珊.基于教学学术视角的高校教师教学发展思考[J].中国大学教学，2021（8）：92-96.
② MALCOLM T. Tracking the scholarship of teaching and learning [J]. Policy Reviews in Higher Education, 2018, 2（1）: 61-78.

四、加强"三低"(低年龄段、低职称、低学历)教师教学学术能力的培养

青年教师是高校的新生力量,他们是高等教育未来的希望,他们的教学能力和创新能力的发展直接关系到未来教育的质量。但是当前,青年教师的教学学术能力并不理想。从前面调查获取的数据分析结果可以知道,除了低年龄段且具有博士学位的教师的教学学术能力较强,低年龄段、低职称、低学历教师的教学学术能力普遍不高,处于弱势。

从前面调查获取的数据分析结果还可以知道,职称与教师对教学工作环境、教学能力现状、自我价值实现和家庭生活的满意度之间存在非常显著的正相关。低年龄段、低职称、低学历教师因为刚步入教师行列,他们的教学和科研经验不足,但发展空间较大。另外,在低年龄段,大多数低职称的教师都是刚入职担任教师岗位工作的,他们对自己的期望很高,对教学和科研有很高的热情;他们也是缺乏经验的群体,教学学术能力提升的空间很大,具有较高的塑造和培养价值。

地方高校应从政策和资金资助方面加强对青年教师的扶持。高校可以通过制定政策制度,安排教学学术能力强、经验丰富的教师对青年教师开展"传—帮—带"工作,从而快速提升青年教师的教学学术能力。高校还可以在教学改革与创新项目的立项过程中,有针对性地向青年教师倾斜,以加强对青年教师教学研究的支持,从而提升青年教师的教学学术能力。学校和二级学院应该作出长远规划,有针对性地分批选派青年教师参加教学学术相关论坛或会议,使他们有机会汲取先进教学学术知识。

五、积极开展创优培训,培养教学学术"引领者"

从前面调查数据的分析结果可知,地方高校教师的教学学术能力发展良莠不齐,只有小部分中青年教师的教学学术能力较强。对于这些具有较强教学学术能力的中青年教师,地方高校应采取"教学学术人才计划""教学学术教学改革项目""教学学术研究项目"等多项措施,通过这些计划和项目,给予

教师平台和资金支持,这样能够激发教师的教学创新与改革热情,教学改革的质量和效果也将大大提高。在这个过程中,教师的教学学术能力也将得到显著提高。[①]

六、建立稳定的两级培训体系、激励机制和淘汰机制

稳定的培训体系可以为教师提供发展的环境,激励机制可以从正面激发教师的原动力,淘汰机制可以从反面激发教师的动力,三者的相互作用可以促进教师的持续发展。但是,缺乏教师认可的激励机制将会降低激励机制的激发作用,没有淘汰机制,激励机制也会降低其功效。

从前面的数据分析结果可知,教师对学校的考核制度与激励制度的满意度不高;学校制定的发展教师教学学术能力的整体激励制度和资金激励制度与教师的教学学术能力密切相关,而荣誉激励制度与教师教学学术能力的相关性不明显;学校的教学学术能力考核制度与教师的教学学术能力在 0.01 水平上呈显著相关;学校发展教学学术能力的整体激励制度、资金激励制度和荣誉激励制度与学校的教学学术能力考核制度之间存在非常显著的相关性。

对此,学校应积极开展调查研究,结合相关的激励理论模型和学校实际,完善发展教师教学学术能力的激励机制,以获得教师的高度认可。学校应制定行之有效的淘汰机制,根据学校和教师的实际情况,制定差异化教学学术能力考核制度,规范考核方法和考核指标体系,并将考核制度与激励制度、淘汰机制联系起来,营造"目标明确,以人为本,规范考核,适者生存"的教学学术氛围。学校还应建立稳定的校院两级培训体系,其中学校应从整体上对教师教学学术能力的培养进行顶层规划,包括预算资金、项目启动、活动计划;学院应根据本院实际情况,制订符合学院实际的教师教学学术能力培养计划,明确具体的目标,制定本学院的教学学术能力发展的激励制度和相应的考核制度,并根据学校的政策不断调整和完善本学院的相关制度,以协调和适应学校的教

[①] 刘刚.大学教师教学学术核心能力及提升策略研究[D].徐州:中国矿业大学,2021.

学学术发展政策与制度。

七、完善职称晋升制度，重视教学学术能力评价

在高校，特别是地方高校，职称晋升制度是一种导向，能够指导教师的教学和科研行为。在当下，由于科研能力仍然是教师晋升职称的主要依据，因此高校仍然存在"重科研，轻教学"的现象。一些高校在职称晋升中推出了"教学型"教师岗位和"教学、科研并重型"教师岗位，这在一定程度上提高了教学在高校中的地位。但是，高校对"教学型"教师岗位和"教学、科研并重型"教师岗位缺乏规划，不同地方高校的实际情况不同，如何规划本校"教学型"教师岗位和"教学、科研并重型"教师岗位的数量以及职称晋升比例，对教师的教学学术能力的发展具有一定的影响。因此，高校应进一步完善职称晋升制度，对教师的职称晋升做好规划。

此外，高校虽然设置了"教学型"教师岗位和"教学、科研并重型"教师岗位，但是高校对如何区别和评价这两种教师岗位与"科研型"教师岗位存在着不确定性，主要表现为评价具有片面性、缺乏依据、标准模糊。例如，一些高校要求"教学型"教师需要主持一定数量的省级及以上教学改革项目、需要获得省级以上教学比赛相关奖励、发表一定数量的教学改革论文等。因此，地方高校应制定教学学术能力的评价依据，形成明确的考核评价指标，为教师的个体发展指明方向。

八、注重发达地区地方高校教师教学学术能力的整体提升，实现全国示范引领

发达地区由于经济与社会发展比中部地区和欠发达地区要好，高校的教学观念、教学条件、师资队伍和教师薪资明显比中部和欠发达地区具有优势，因此教师的教学学术能力应该与他们的优越条件适配，显著优于中部和欠发达地区。但从数据分析结果来看，这与预想的结果存在一定差异。

从前面的数据分析结果可知，在发达地区，只有本科学历的教师的教学

学术能力的平均值为 68.67，教学学术能力较强；具有教授（研究员）、副教授（副研究员）职称的教师的教学学术能力的平均值分别为 62.15 和 57.62；具有博士学位的教师的教学学术能力的平均值为 58.24，工科专业的教师的教学学术能力的平均值为 59.29。与中部地区和欠发达地区相比，这些教师的教学学术能力具有非常明显的优势。然而，在发达地区，仅具有硕士学位的教师、文科和理科专业的教师的教学学术能力与其他两个地区（中部地区和欠发达地区）没有显著差异。

对此，发达地区的地方高校应通过各种形式，选拔出教学学术能力强的教师。一方面，学校应积极发挥具有较高教学学术能力的教师的辐射作用，通过开展论坛、讲座、沙龙、示范班等多种形式的活动，提高他们在学校的示范和引领作用，从而提升学校教师的整体教学学术能力。另一方面，学校应加强对具有较高教学学术能力的教师的培养，通过"人才计划""教学改革立项"等形式，引导他们进一步深化教学改革研究，在改革中创新自己的教学和学术成果；同时通过在学校层面建立教学学术相关组织，充分发挥他们在本校教师中的积极作用，并在全国范围内提升影响力，从而在全国同等高校中实现教学学术的示范和引领。

九、积极采取措施，努力提高欠发达地区地方高校教师的教学学术能力

由于欠发达地区经济普遍落后，这些地区的地方高校很难招聘到高职称、高学历、高技能的教师，导致欠发达地区地方高校教师的教学学术能力普遍低于中部地区和发达地区。根据前面的调查数据可知，在欠发达地区，具有助教和讲师职称的教师的教学学术能力的平均值分别为 40.91 和 49.85，仅具有本科学历的教师的教学学术能力的平均值为 44.78，文科、理科专业的教师的教学学术能力的平均值分别为 52.13 和 49.93，这些教师的教学学术能力显著低于中部地区和发达地区的教师。但是，欠发达地区具有博士学位的教师具有较好的教学学术能力，教学学术能力的平均值为 55.63。

由于欠发达地区地理位置的特殊性，地方高校教师整体的教学观念、教

学能力和科研能力弱于发达地区和中部地区，因此学校必须多采取多种举措努力提升教师的教学学术能力。第一，学校应加强校院两级教学学术的宣传与动员，让教师对教学学术有较清晰的掌握和理解，让教学学术发展观念深入教师的脑和心。第二，学校应积极开展校院两级的教学交流和研讨活动，教师通过参加实践活动可以提升自己的教学改革与创新意识。第三，学校应制定完善的激励制度和考核制度，激励制度可以激发教师教学学术发展的内驱力，考核制度可以激发教师发展教学学术的外驱力。根据综合激励理论，人们对工作的满意度取决于他们获得的激励与预期结果的一致性。如果激励大于或等于预期结果，个人就会感到满意；如果动机和工作结果之间的联系减弱，人们就会失去信心。因此，完善的激励制度和考核制度是提升教师教学学术能力的有力保障。第四，学校应加强教师的教学学术能力培养。欠发达地区经济不发达，这在一定程度上制约了教师的发展。地方高校主要以教学为中心培养应用型人才，因此提升教师的教学学术能力应该放在首位。学校应制订相应的计划，有针对性地鼓励教师"走出去"，为教师的深造创造机会。第五，学校应积极构建教学学术共同体，营造发展教学学术的良好氛围。欠发达地区地方高校教师的整体教学学术能力欠佳，但部分高职称、高学历的教师的教学学术能力较强，学校可以积极发挥高职称、高学历教师的引领作用，形成以他们为核心的教学学术共同体，逐步提高教师的教学学术能力。

第四节　总　结

教学学术能力培养的实际效果是高校学术思想和教师个体实践教学的重要体现。从高校的角度来看，教师教学学术能力的培养体现在教学学术氛围的营造、管理制度的完善、考核制度的明确、教育资源的开放共享、研究成果的公布等多个方面，教学学术能力的培养也是引导教师开展教学研究、促进学生发展、提高学校教学质量的强大动力。从青年教师的角度来看，教师教学学术能力的培养包括教师教学观念的创新、教学意志的巩固、自我知识结构的理论和实践丰富、反思能力的提高、解决教学问题的能力的提高以及教学交流方法和形式的成熟。地方高校应重视教学学术发展的顶层设计，营造教师教学学术能力发展的积极氛围；教师应积极响应学校政策，遵守相关规章制度，参与教学学术共同体和教学活动，将新思想、新理念、新技术应用到教学过程中，解决教学过程中遇到的问题，并积极反思、积累经验，提高自身的教学和科研水平。

参考文献

[1] 李小红,杨文静.论教学学术[J].中国教育科学(中英文),2021,4(2):19-30.

[2] 周仕德.大学教与学学术研究:意涵取向、核心观点及发展趋势[J].高教探索,2014(4):83-91.

[3] 李海霞,蔡春.教学学术到底是怎样的学术:论教学学术的核心、过程及成果表征[J].上海教育科研,2020(6):5-9.

[4] 孙元涛,李侠.走出"教学科研化"陷阱:兼论"教学学术"的本义与异化[J].教育发展研究,2020,40(5):62-68.

[5] 颜建勇,郭剑鸣,李丹.论大学教师教学学术能力内涵特征[J].集美大学学报(教育科学版),2022,23(1):7-13.

[6] 王贵林.教学学术:教学型大学教师发展的基本选择[J].高等工程教育研究,2012(3):103-107.

[7] 刘刚,蔡辰梅,庞玲.教学学术:概念辨析及本质探究[J].高教探索,2018(11):46-51.

[8] 周海涛,于榕.高校青年教师教学学术能力提升的瓶颈与路径[J].国家教育行政学院学报,2022(5):79-85.

[9] 刘刚,蔡辰梅,刘娜.大学教师教学学术能力的类型化特征及其比较分析[J].江苏高教,2020(4):22-29.

[10] 朱炎军.大学教学学术的理论审视:价值、困境与走向[J].高校教育管理,2021,15(1):107-116.

[11] 宋燕."教学学术"国外研究述评[J].江苏高教,2010(2):67-70.

[12] 袁秋菊.高校教学学术评价机制变革:逻辑、困境与路径[J].继续教育研究,2022(4):88-92.

[13] 刘喆.什么是大学教师"教学学术能力":内涵与发展路径[J].华东师范大学学报(教育科学版),2022,40(10):54-64.

[14] 颜建勇,黄珊.大学教师教学学术与学科学术耦合发展的现实图景分析:基于14所高校的问卷调查[J].现代教育管理,2019(6):85-90.

[15] 张莉娟,郑兰斌,向俊,等.高校青年教师教学学术研究:基于北京大学医学部的实证分析[J].教育技术月刊,2019(2):77-85.

[16] 韩淑萍."双一流"高校教师教学学术能力现状及提升路径研究:基于L大学的调查[D].兰州:兰州大学,2021.

[17] 谢晓虹.多维视角下的高校教师教学学术能力提升路径[J].中国成人教育,2019(1):88-91.

[18] 谷木荣.高校青年教师教学学术能力发展的现实困境与实现路径[J].当代教育科学,2018(11):65-68.

[19] 刘隽颖.大学教师教学学术能力及其提升策略[J].黑龙江高教研究,2018(2):5-7.

[20] 刘隽颖."教学学术"研究体系的四维建构及其实践机制[J].江苏高教,2019(1):74-82.

[21] 颜建勇,张帅,黄珊.大学教师教学学术能力的生成发展逻辑探析[J].江苏高教,2021(6):86-93.

[22] 谢阳斌,桑新民.探究教学学术之道、法、术[J].中国教育科学(中英文),2020,3(5):33-49.

[23] 李志河,刘芷秀,聂建文.高校在线教师教学学术能力的评价指标体系构建[J].远程教育杂志,2020,38(5):81-89.

[24] 王若梅.大学教学学术评价方法之研究[J].江苏高教,2012(5):95-96.

[25] 王志平,彭仲文,王慧闯.基于概率语言决策方法的高校教师教学学术发展力评价[J].大学数学,2021,37(6):44-54.

[26] 刘怡,李辉.我国西北地区高校教师教学学术现状研究:基于38所高校的调查[J].中国高教研究,2021(6):78-83.

[27] 罗尧,杨圆方.教学学术能力视角下应用型大学教师培训模式探究:以北京联合大学为例[J].北京联合大学学报,2021,35(4):11-16.

[28] 武慧芳,刘德成,高令阁,等.河北省高校教师教学学术能力的现状分析:以

河北省部分省属本科高校为例[J].河北经贸大学学报（综合版），2018，18（3）：89-93.

[29] 莫依婷.高校体育教师教学学术能力及提升策略[D].长沙：湖南师范大学，2020.

[30] 朱炎军.高校教师教学学术能力发展水平与影响因素研究[J].上海教育评估研究，2021，10（3）：16-20.

[31] 张凌.应用型高校青年教师教学学术能力提升策略[J].教育与职业，2019（5）：74-77.

[32] 王岚，王永会，计然.教学学术能力视域下高校教师教学培训改革研究[J].河北科技大学学报（社会科学版），2018，18（1）：95-100，107.

[33] 朱红兵.问卷调查及统计分析方法：基于SPSS[M].北京：电子工业出版社，2019.

[34] 刘刚.大学教师教学学术核心能力及提升策略研究[D].徐州：中国矿业大学，2021.

[35] 赵菊珊.基于教学学术视角的高校教师教学发展思考[J].中国大学教学，2021（8）：92-96.

[36] 朱炎军.高校卓越教师教学学术能力的结构模型研究：基于扎根理论的研究方法[J].高教探索，2021（7）：57-64.

[37] 龚金花，刘德儿.高校思想政治理论课教师教学学术能力差异与影响因素研究[J].高教学刊，2023，9（16）：171-175.

[38] 王小琴.内蒙古高校大学英语教师教学学术能力现状调查[J].现代英语，2023（9）：17-20.

[39] 刘洁，靳楠，王东华，等.高校教师教学学术能力建设的实践探索：以天津大学国际化教学学术型师资培训项目为例[J].天津大学学报（社会科学版），2018，20（6）：566-570.

[40] 项聪，白争辉.东西部高校教学学术共同体发展的内涵特征、影响因素与促进策略[J].中国大学教学，2024（合刊1）：74-80.

[41] 李志河.高校教师教学学术水平评价模型建构研究[J].国家教育行政学院学报，2019（11）：63-71.

[42] 綦珊珊，姚利民.教学学术内涵初探[J].复旦教育论坛，2004（6）：28-31.

[43] 吕林海.大学教学学术的机制及其教师发展意蕴［J］.高等教育研究，2009，30（8）：83-88.

[44] 王玉衡.教学成为学术：当代国际大学学术文化的新探索［J］.大学（学术版），2011（11）：40-44.

[45] 王恒安.继承与超越：从"教学学术"到"教与学学术"的嬗变［J］.教育探索，2015（12）：8-12.

[46] 姚利民，綦珊珊.教学学术型大学教师特征论［J］.湖南大学学报（社会科学版），2007（5）：113-117.

[47] 姚利民，綦珊珊，郑银华.大学教师成为教学学术型教师之路径探讨［J］.2006（5）：41-45.

[48] 周子怡.教学学术视角下的教师发展：来自美国研究型大学的经验［J］.广西科技师范学院学报，2023，38（3）：103-111.

[49] 胡建华.教学学术研究：大学教师教学发展的高阶层次［J］.江苏高教，2023（1）：1-6.

[50] 路玲，乔欣，肖笑飞，等."教学学术"视域下高校中青年教师专业化发展"五步联动"模式研究与实践［J］.江西中医药大学学报，2022，34（2）：112-114，119.

[51] 王岚，史芝夕，邵俊美.高校教学学术共同体建设的现实困境与思考［J］.教学研究，2022，45（3）：44-48，61.

[52] 马瑛，苏蕊，刘晓秋.基于学术英语教学学术共同体建设实践探索［J］.湖北开放职业学院学报，2023，36（24）：168-169，178.

[53] 冯林霞，李志河，李瑞曦.地方本科高校转型背景下教学学术共同体的构建探索［J］.高教论坛，2023（9）：40-44.

[54] 刘文富，班东科.基于院系治理的教学学术共同体建构研究［J］.中国多媒体与网络教学学报（上旬刊），2022（7）：70-73.

[55] 沈丽萍.教学学术共同体研究述评［J］.教育研究与评论，2023（4）：60-63.

[56] 陈卓.高校青年教师教学学术水平现状及影响因素研究：基于华中地区H省11所高校青年教师样本［J］.湖南第一师范学院学报，2021，21（4）：60-65.

[57] 李亚娟.地方高校教师教学学术现状调查与分析：以广西某高校调查为例[J].高教论坛,2022(1):16-19.

[58] 陶钧.教学学术的知行失调：教学学术感知与教学学术行为的关系研究[J].黑龙江教育（理论与实践）,2021(5):42-45.

[59] 欧阳光华,黄姜燕,刘红姣.教学学术视角下加拿大英属哥伦比亚大学教师教学同行评议探析[J].黑龙江高教研究,2022,40(5):83-88.

[60] 朱炎军,郭靖.高校教师教学学术发展力指标体系的构建：基于德尔菲法的研究[J].高教探索,2019(3):110-117.

[61] 李宝斌.教学学术发展的阻滞与突破[J].高等教育研究,2015,36(6):80-86.

[62] 宋燕.我国大学教学学术发展的观念性障碍[J].国家教育行政学院学报,2013(7):49-53.

[63] 颜建勇,黄珊,郭剑鸣.大学教师教学学术能力发展机制构建研究[J].现代大学教育,2022,38(3):102-110,113.

[64] 杨淑萍,迟爽.中小学教师教学学术能力发展的价值、动力困境及突破：基于勒温场动力理论[J].教育理论与实践,2023,43(23):35-40.

[65] 尚海磊,汪雪蔚.应用型本科高校教师教学学术能力发展路径研究：基于生态系统理论视角[J].江苏高教,2023(6):96-101.

[66] 孙晓女,曹茂甲.以教师专业发展为导向的大学教学学术评价策略探析[J].大连教育学院学报,2022,38(2):11-14.

[67] 李晓华,刘静芳.大学教师教学学术水平影响因素的实证研究[J].当代教育与文化,2021,13(2):93-98.

[68] 王力娟,邱意弘,王竹筠.学术性教学向教学学术转化的途径及挑战[J].江苏高教,2017(3):54-59.

[69] 马晓旭.高校教师教学发展的关键点识别及控制策略选择[J].黑龙江高教研究,2018,36(10):118-121.

[70] 杨柳群.博士研究生教学学术能力的培养[J].研究生教育研究,2018(6):40-45.

[71] SHULMAN L S, HUTCHINGS P.Teaching as community property: essays on higher education[M].San Francisco: Jossey-Bass, 2004.

[72] GLASSICK C E, HUBER M T, MAEROFF G I. Scholarship assessed: evaluation of the professoriate[M]. San Francisco: Jossey-Bass Publishers, 1997.

[73] KREBER C, CRANTON P A. Exploring the scholrship of teaching[J].The Journal of Higher Education, 2000, 71(4): 476-495.

[74] TRIGWELL K, MARTIN E, BENJAMIN J, et al. Scholarship of teaching: a model[J]. Higher Education Research & Development, 2000, 19(2): 155-168.

[75] HUTCHINGS P. Opening lines: approaches to the scholarship of teaching and learning[M].California: Carnegie Publications, 2000.

[76] WEBB A, WELSH A J. Phenomenology as a methodology for scholarship of teaching and learning research[J].Teaching & Learning Inquiry: the ISSOTL Journal, 2019, 7(1): 168-181.

[77] MALCOLM T. Tracking the scholarship of teaching and learning[J]. Policy Reviews in Higher Education, 2018, 2(1): 61-78.

[78] MILLER Y J E, YEO M, MANARIN K. Challenges to disciplinary knowing and identity: experiences of scholars in a SOTL development program[J]. International Journal for the Scholarship of Teaching & Learning, 2018, 12(1): 65-72.

[79] MIRHOSSEINI F, MEHRDAD N, BIGDELI S, et al. Exploring the concept of scholarship of teaching and learning(SoTL): concept analysis[J]. Medical Journal of the Islamic Republic of Iran, 2018, 32(96): 1-7.

[80] SHULMAN L S. Course anatomy: the dissection and analysis of knowledge through teaching[M]//HUTCHINGS P. The course portfolio.New York: Routledge, 1998: 8.

[81] MALFORY J, WILLIS K. The role of institutional learning and teaching grants in developing academic capacity to engage successfully in the scholarship of teaching and learning[J]. International Journal for Academic Development, 2018, 23(3): 244-255.

[82] ZHANG L J. The age characteristics of teaching scholarship ability of teachers in Chinese local colleges and universities[J].Adult and Higher

Education, 2023, 5(15): 102-107.

[83] CAROLIN K. Controversy and consensus on the scholarship of teaching[J]. Studies in Higher Education, 2002, 27(2): 151-167.

[84] BOYER E L. Scholarship reconsidered: priorities of the professoriate[M]. New York: John Wiley & Sons, Inc., 1990.

[85] SHULMAN L S. From minsk to pinsk: why a scholarship of teaching and learning?[J].Journal of the Scholarship of Teaching and Learning, 2000, 1(1): 48-53.

[86] SHULMAN L S, WILSON S M.The wisdom of practice:essays on teaching,learning,and learning to teach[M].San Francisco: Jossey-Bass, 2004.

[87] HUTCHINGS P, SHULMAN L S.The scholarship of teaching:new elaborations,new developments[J].Change: the Magazine of Higher Learning, 1999, 31(5): 10-15.

附 录

表附录-1 多重比较
（年龄与地域的相互作用）

因变量：教学学术能力

Tambane   95%置信区间

（I） 相互作用1	（J） 相互作用1	平均差值 （$I-J$）	标准误差	显著性	下限	上限
1.00	2.00	−4.000 00	4.996 67	1.000	−26.599 0	18.599 0
	3.00	1.636 36	4.534 59	1.000	−17.998 0	21.270 7
	4.00	−11.040 00	4.736 55	0.893	−30.648 5	8.568 5
	5.00	−6.411 76	4.205 52	1.000	−25.906 1	13.521 5
	6.00	−7.317 07	4.390 41	1.000	−26.781 0	12.146 8
	7.00	−8.500 00	4.617 00	0.997	−28.045 4	11.045 4
	8.00	−9.081 08	4.345 82	0.992	−28.586 1	10.423 9
	9.00	−7.297 30	4.427 88	1.000	−26.744 3	12.149 7
	10.00	−12.100 00	5.009 88	0.844	−32.704 8	8.504 8
	11.00	−6.363 64	6.243 45	1.000	−31.347 9	18.620 6
	12.00	−1.300 00	5.819 60	1.000	−24.785 5	22.185 5

续 表

(I) 相互作用1	(J) 相互作用1	平均差值 (I－J)	标准误差	显著性	下限	上限
2.00	1.00	4.000 00	4.996 67	1.000	−18.599 0	26.599 0
	3.00	5.636 36	3.549 07	1.000	−16.140 1	27.412 8
	4.00	−7.040 00	3.803 72	0.999	−26.768 0	12.688 0
	5.00	−2.411 76	3.117 65	1.000	−31.598 2	27.213 6
	6.00	−3.317 07	3.362 90	1.000	−26.616 2	19.982 0
	7.00	−4.500 00	3.653 77	1.000	−25.065 8	16.065 8
	8.00	−5.081 08	3.304 46	1.000	−29.428 5	19.266 4
	9.00	−3.297 30	3.411 66	1.000	−25.892 5	19.298 0
	10.00	−8.100 00	4.139 11	0.996	−28.575 4	12.375 4
	11.00	−2.363 64	5.569 03	1.000	−26.700 6	21.973 4
	12.00	2.700 00	5.089 31	1.000	−20.238 6	25.638 6
3.00	1.00	−1.636 36	4.534 59	1.000	−21.270 7	17.998 0
	2.00	−5.636 36	3.549 07	1.000	−27.412 8	16.140 1
	4.00	−12.676 36*	3.172 40	0.023	−24.456 7	−0.896 0
	5.00	−7.828 67	2.305 56	0.209	−17.292 4	1.635 0
	6.00	−8.953 44	2.627 73	0.135	−18.979 7	1.072 8
	7.00	−10.136 36	2.990 96	0.132	−21.438 0	1.165 2
	8.00	−10.717 44*	2.552 52	0.022	−20.590 9	−0.844 0
	9.00	−8.933 66	2.689 85	0.157	−19.126 4	1.259 0
	10.00	−13.736 36	3.567 64	0.087	−28.435 3	0.962 5
	11.00	−8.000 00	5.158 48	1.000	−30.232 2	14.232 2
	12.00	−2.936 36	4.636 48	1.000	−23.101 3	17.228 6

续 表

（I）相互作用1	（J）相互作用1	平均差值（I－J）	标准误差	显著性	下限	上限
4.00	1.00	11.040 00	4.736 55	0.893	−8.568 5	30.648 5
	2.00	7.040 00	3.803 72	0.999	−12.688 0	26.768 0
	3.00	12.676 36*	3.172 40	0.023	0.896 0	24.456 7
	5.00	4.628 24	2.681 05	0.996	−5.264 6	14.521 1
	6.00	3.722 93	2.962 66	1.000	−6.944 8	14.390 7
	7.00	2.540 00	3.289 11	1.000	−9.358 6	14.438 6
	8.00	1.958 92	2.896 16	1.000	−8.523 1	12.441 0
	9.00	3.742 70	3.017 90	1.000	−7.101 7	14.587 1
	10.00	−1.060 00	3.821 06	1.000	−15.964 8	13.844 8
	11.00	4.676 36	5.336 88	1.000	−17.536 6	26.889 3
	12.00	9.740 00	4.834 19	0.985	−10.381 4	29.861 4
5.00	1.00	6.192 31	4.205 67	1.000	−13.521 5	25.906 1
	2.00	2.192 31	3.117 85	1.000	−27.213 6	31.598 2
	3.00	7.828 67	2.305 83	0.209	−1.635 0	17.292 4
	4.00	−4.847 69	2.681 28	0.996	−14.740 7	5.045 4
	6.00	−1.124 77	2.007 50	1.000	−8.172 6	5.923 1
	7.00	−2.307 69	2.463 94	1.000	−11.554 2	6.938 8
	8.00	−2.888 77	1.908 00	1.000	−9.598 6	3.821 0
	9.00	−1.104 99	2.088 16	1.000	−8.482 7	6.272 7
	10.00	−5.907 69	3.138 98	0.997	−20.030 9	8.215 6
	11.00	−0.171 33	4.871 86	1.000	−22.461 3	22.118 6
	12.00	4.892 31	4.315 33	1.000	−15.390 5	25.175 2

续 表

(I) 相互作用1	(J) 相互作用1	平均差值 (I-J)	标准误差	显著性	下限	上限
6.00	1.00	7.317 07	4.390 41	1.000	-12.146 8	26.781 0
	2.00	3.317 07	3.362 90	1.000	-19.982 0	26.616 2
	3.00	8.953 44	2.627 73	0.135	-1.072 8	18.979 7
	4.00	-3.722 93	2.962 66	1.000	-14.390 7	6.944 8
	5.00	1.124 77	2.007 50	1.000	-5.923 1	8.172 6
	7.00	-1.182 93	2.767 50	1.000	-11.234 0	8.868 2
	8.00	-1.764 01	2.286 60	1.000	-9.771 8	6.243 8
	9.00	0.019 78	2.438 96	1.000	-8.525 6	8.565 1
	10.00	-4.782 93	3.382 50	1.000	-18.883 8	9.318 0
	11.00	0.953 44	5.032 21	1.000	-21.169 2	23.076 1
	12.00	6.017 07	4.495 57	1.000	-14.004 9	26.039 0
7.00	1.00	8.500 00	4.617 00	0.997	-11.045 4	28.045 4
	2.00	4.500 00	3.653 77	1.000	-16.065 8	25.065 8
	3.00	10.136 36	2.990 96	0.132	-1.165 2	21.438 0
	4.00	-2.540 00	3.289 11	1.000	-14.138 6	9.358 6
	5.00	2.307 69	2.463 69	1.000	-6.938 8	11.554 2
	6.00	1.182 93	2.767 50	1.000	-8.868 2	11.234 0
	8.00	-0.581 08	2.696 20	1.000	-10.438 7	9.276 5
	9.00	1.202 70	2.826 56	1.000	-9.036 7	11.442 1
	10.00	-3.600 00	3.671 81	1.000	-18.251 1	11.051 1
	11.00	2.136 36	5.231 07	1.000	-20.034 2	24.306 9
	12.00	7.200 00	4.717 11	1.000	-12.872 6	27.272 6

续 表

(I)相互作用1	(J)相互作用1	平均差值(I－J)	标准误差	显著性	下限	上限
8.00	1.00	9.081 08	4.345 82	0.982	−10.423 9	28.586 1
	2.00	5.081 08	3.304 46	1.000	−19.266 4	29.428 5
	3.00	10.717 44*	2.552 52	0.022	0.844 0	20.590 9
	4.00	−1.958 92	2.896 16	1.000	−12.441 0	8.523 1
	5.00	2.669 32	1.907 68	1.000	−38210	9.598 6
	6.00	1.764 01	2.286 60	1.000	−6.243 8	9.771 8
	7.00	0.581 08	2.696 20	1.000	−9.276 5	10.438 7
	9.00	1.783 78	2.357 74	1.000	−6.498 3	10.065 8
	10.00	−3.018 92	3.324 41	1.000	−17.096 9	11.059 1
	11.00	2.717 44	4.993 35	1.000	−19.434 1	24.869 0
	12.00	7.781 08	4.452 03	0.999	−12.285 5	27.847 7
9.00	1.00	7.297 30	4.427 88	1.000	−12.149 7	26.744 3
	2.00	3.297 30	3.411 66	1.000	−19.298 0	25.892 5
	3.00	8.933 66	2.689 85	0.157	−1.259 0	19.126 4
	4.00	−3.742 70	3.017 90	1.000	−14.587 1	7.101 7
	5.00	0.885 53	2.087 87	1.000	−6.492 0	8.263 1
	6.00	−0.019 78	2.438 96	1.000	−8.565 1	8.525 6
	7.00	−1.202 70	2.826 56	1.000	−11.442 1	9.036 7
	8.00	−1.783 78	2.357 74	1.000	−10.065 8	6.498 3
	10.00	−4.802 70	3.430 99	1.000	−18.951 8	9.346 4
	11.00	0.933 66	5.064 93	1.000	−21.176 1	23.043 5
	12.00	5.997 30	4.532 17	1.000	−14.003 8	25.998 4

续 表

（I）相互作用1	（J）相互作用1	平均差值（I－J）	标准误差	显著性	下限	上限
10.00	1.00	12.100 00	5.009 88	0.844	−8.504 8	32.704 8
	2.00	8.100 00	4.139 11	0.996	−12.375 4	28.575 4
	3.00	13.736 36	3.567 64	0.087	−0.962 5	28.435 3
	4.00	1.060 00	3.821 06	1.000	−13.844 0	15.964 8
	5.00	5.688 24	3.138 78	0.999	−8.435 5	19.812 0
	6.00	4.782 93	3.382 50	1.000	−9.318 0	18.883 8
	7.00	3.600 00	3.671 81	1.000	−11.051 1	18.251 1
	8.00	3.018 92	3.324 41	1.000	−11.059 1	17.096 9
	9.00	4.802 70	3.430 99	1.000	−9.346 4	18.951 8
	11.00	5.736 36	5.580 88	1.000	−17.202 0	28.674 8
	12.00	10.800 00	5.102 29	0.966	−10.251 4	31.851 4
11.00	1.00	6.363 64	6.243 45	1.000	−18.620 6	31.347 9
	2.00	2.363 64	5.569 03	1.000	−21.973 4	26.700 6
	3.00	8.000 00	5.158 48	1.000	−14.232 2	30.232 2
	4.00	−4.676 36	5.336 88	1.000	−26.889 3	17.536 6
	5.00	−0.048 13	4.871 73	1.000	−22.338 3	22.242 1
	6.00	−0.953 44	5.032 21	1.000	−23.076 1	21.169 2
	7.00	−2.136 36	5.231 07	1.000	−24.306 9	20.034 2
	8.00	−2.717 44	4.993 35	1.000	−24.869 0	19.434 1
	9.00	−0.933 66	5.064 93	1.000	−23.043 5	21.176 1
	10.00	−5.736 36	5.580 88	1.000	−28.674 8	17.202 0
	12.00	5.063 64	6.317 84	1.000	−20.195 9	30.323 2

续表

(I) 相互作用1	(J) 相互作用1	平均差值 (I-J)	标准误差	显著性	下限	上限
12.00	1.00	1.300 00	5.819 60	1.000	−22.185 5	24.785 5
	2.00	−2.700 00	5.089 31	1.000	−25.638 6	20.238 6
	3.00	2.936 36	4.636 48	1.000	−17.228 6	23.101 3
	4.00	−9.740 00	4.834 19	0.985	−29.861 4	10.381 4
	5.00	−5.111 76	4.315 19	1.000	−25.395 1	15.171 5
	6.00	−6.017 07	4.495 57	1.000	−26.039 0	14.004 9
	7.00	−7.200 00	4.717 11	1.000	−27.272 6	12.872 6
	8.00	−7.781 08	4.452 03	0.999	−27.847 7	12.285 5
	9.00	−5.997 39	4.532 17	1.000	−25.998 4	14.003 8
	10.00	−10.800 00	5.102 29	0.966	−31.851 4	10.251 4
	12.00	−5.063 64	6.317 84	1.000	−30.323 2	20.195 9

注：1.*表示平均值之间差异的显著性水平为0.05。
  2.若（年龄＝"20～29岁"＆地域＝"发达地区"），则相互作用1＝1.00；
   若（年龄＝"20～29岁"＆地域＝"中部地区"），则相互作用1＝2.00；
   若（年龄＝"20～29岁"＆地域＝"欠发达地区"），则相互作用1＝3.00；
   若（年龄＝"30～39岁"＆地域＝"发达地区"），则相互作用1＝4.00；
   若（年龄＝"30～39岁"＆地域＝"中部地区"），则相互作用1＝5.00；
   若（年龄＝"30～39岁"＆地域＝"欠发达地区"），则相互作用1＝6.00；
   若（年龄＝"40～49岁"＆地域＝"发达地区"），则相互作用1＝7.00；
   若（年龄＝"40～49岁"＆地域＝"中部地区"），则相互作用1＝8.00；
   若（年龄＝"40～49岁"＆地域＝"欠发达地区"），则相互作用1＝9.00；
   若（年龄＝"50～59岁"＆地域＝"发达地区"），则相互作用1＝10.00；
   若（年龄＝"50～59岁"＆地域＝"中部地区"），则相互作用1＝11.00；
   若（年龄＝"50～59岁"＆地域＝"欠发达地区"），则相互作用1＝12.00。

表附录-2　多重比较

（年龄与职称的相互作用）

因变量：教学学术能力

Tambane

95%置信区间

（I）相互作用2	（J）相互作用2	平均差值（I−J）	标准误差	显著性	下限	上限
1.00	2.00	0.033 33	3.907 48	1.000	−14.818 7	14.885 4
	3.00	−16.163 44*	2.796 64	0.000	−26.682 5	−5.644 4
	4.00	−5.679 17	2.574 96	0.891	−16.005 5	4.647 1
	5.00	9.933 33	4.173 00	0.812	−8.263 0	28.129 7
	6.00	−11.835 90	4.195 61	0.355	−27.426 0	3.754 2
	7.00	−8.870 24	2.803 01	0.186	−19.380 0	1.639 6
	8.00	−5.266 67	3.173 95	0.994	−16.696 6	6.163 3
	9.00	−15.233 33*	3.387 49	0.006	−27.679 2	−2.787 4
	10.00	−3.243 14	3.802 48	1.000	−16.928 0	10.441 7
2.00	1.00	−0.033 33	3.907 48	1.000	−14.885 4	14.818 7
	3.00	16.196 77*	3.244 74	0.013	−29.889 1	−2.504 5
	4.00	−5.712 50	3.143 35	0.990	−19.467 7	8.042 7
	5.00	9.900 00	4.485 66	0.888	−9.142 0	28.942 0
	6.00	−11.869 23	4.506 69	0.506	−28.836 9	5.098 4
	7.00	−8.903 57	3.250 23	0.549	−22.578 4	4.771 3
	8.00	−5.300 00	3.575 07	1.000	−19.251 1	8.651 1
	9.00	−15.266 67*	3.764 59	0.034	−29.875 7	−0.657 6
	10.00	−3.276 47	4.143 18	1.000	−18.725 0	12.172 1

续 表

（I）相互作用2	（J）相互作用2	平均差值（I－J）	标准误差	显著性	下限	上限
3.00	1.00	16.163 44*	2.796 64	0.000	5.644 4	26.682 5
	2.00	16.196 77*	3.244 74	0.013	2.504 5	29.889 1
	4.00	10.349 94*	1.559 94	0.000	5.178 2	15.790 4
	5.00	26.096 77*	3.560 04	0.010	6.366 5	45.827 0
	6.00	4.327 54	3.586 51	1.000	−9.971 3	18.626 4
	7.00	7.293 20*	1.765 44	0.004	1.328 8	13.252 6
	8.00	10.896 77*	2.309 52	0.001	2.828 9	18.964 7
	9.00	0.930 11	2.595 19	1.000	−9.104 3	10.964 5
	10.00	12.920 30*	3.117 49	0.019	1.279 5	24.561 1
4.00	1.00	5.679 17	2.678 34	0.891	−4.647 1	16.005 5
	2.00	5.712 50	3.143 35	0.990	−8.042 7	19.467 7
	3.00	−10.484 27*	1.559 94	0.000	−15.790 4	−5.178 2
	5.00	15.612 50	3.467 88	0.180	−4.940 7	36.165 7
	6.00	−6.156 73	3.495 05	0.991	−20.405 9	8.092 4
	7.00	−3.191 07	1.571 34	0.872	−8.441 2	2.059 1
	8.00	0.412 50	2.164 77	1.000	−7.241 2	8.066 2
	9.00	−9.419 83	2.467 25	0.065	−19.437 8	0.329 5
	10.00	2.436 03	3.011 82	1.000	−9.024 2	13.896 3

续　表

(I) 相互作用2	(J) 相互作用2	平均差值 (I－J)	标准误差	显著性	下限	上限
5.00	1.00	−9.933 33	4.173 00	0.812	−28.129 7	8.263 0
	2.00	−9.900 00	4.485 66	0.888	−28.942 0	9.142 0
	3.00	−26.096 77*	3.560 04	0.010	−45.827 0	−6.366 5
	4.00	−15.612 50	3.467 88	0.180	−36.165 7	4.940 7
	6.00	−21.769 23*	4.738 76	0.018	−41.002 7	−2.535 7
	7.00	−18.803 57	3.565 05	0.064	−38.477 1	0.870 0
	8.00	−15.200 00	3.863 50	0.150	−33.503 3	3.103 3
	9.00	−25.166 67*	4.040 76	0.005	−43.503 3	−6.830 0
	10.00	−13.176 47	4.394 49	0.374	−31.465 5	5.112 5
6.00	1.00	11.835 90	4.195 61	0.355	−3.754 2	27.426 0
	2.00	11.869 23	4.506 69	0.506	−5.098 4	28.836 9
	3.00	−4.327 54	3.586 51	1.000	−18.626 4	9.971 3
	4.00	6.156 73	3.495 05	0.991	−8.092 4	20.405 9
	5.00	−21.769 23*	4.738 76	0.018	2.535 7	41.002 7
	7.00	2.965 66	3.591 48	1.000	−11.326 0	17.257 3
	8.00	6.569 23	3.887 91	0.994	−8.150 6	21.289 1
	9.00	−3.397 44	4.064 10	1.000	−18.723 3	11.928 4
	10.00	8.592 76	4.415 96	0.946	−7.583 5	24.769 0

续 表

(I) 相互作用2	(J) 相互作用2	平均差值 (I－J)	标准误差	显著性	下限	上限
7.00	1.00	8.870 24	2.803 01	0.186	－1.639 6	19.380 0
	2.00	8.890 357	3.250 23	0.549	－4.771 3	22.578 4
	3.00	－7.293 20*	1.765 44	0.004	－13.257 6	－1.328 8
	4.00	3.191 07	1.571 34	0.872	－2.059 1	8.441 2
	5.00	18.803 57	3.565 05	0.064	－0.870 0	38.477 1
	6.00	－2.965 66	3.591 48	1.000	－17.257 3	11.326 0
	8.00	3.603 57	2.317 24	0.998	－4.454 4	11.661 6
	9.00	－6.363 10	2.602 06	0.676	－16 380 3	3.654 1
	10.00	5.627 10	3.123 21	0.982	－6.009 4	17.263 6
8.00	1.00	5.266 67	3.173 95	0.994	－6.163 3	16.696 6
	2.00	5.300 00	3.575 07	1.000	－8.651 1	19.251 1
	3.00	－10.896 77*	2.309 52	0.001	－18.964 7	－2.828 8
	4.00	－0.412 50	2.164 77	1.000	－8.066 2	7.241 2
	5.00	15.200 00	3.863 50	0.150	－3.103 3	33.503 3
	6.00	－6.569 23	3.887 91	0.994	－21.289 1	8.150 6
	7.00	－3.603 57	2.317 24	0.998	－11.661 6	4.454 4
	9.00	－9.966 67	2.997 96	0.111	－20.903 6	0.970 2
	10.00	2.023 53	3.459 99	1.000	－10.424 0	14.471 0

续 表

(I) 相互作用2	(J) 相互作用2	平均差值 (I-J)	标准误差	显著性	下限	上限
9.00	1.00	-15.233 33*	3.387 49	0.006	2.787 4	27.679 2
	2.00	-15.266 67*	3.764 59	0.034	0.657 6	29.875 7
	3.00	-0.930 11	2.595 19	1.000	-10.964 5	9.104 3
	4.00	9.554 17	2.467 25	0.065	-0.329 5	19.437 8
	5.00	25.166 67*	4.040 76	0.005	6.830 0	43.503 3
	6.00	3.397 44	4.064 10	1.000	-11.928 4	18.723 3
	7.00	6.363 10	2.602 06	0.676	-3.654 1	16.380 3
	8.00	9.966 67	2.997 96	0.111	-0.970 2	20.903 6
	10.00	11.990 20	3.656 86	0.121	-1.321 2	25.301 7
10.00	1.00	3.243 14	3.802 48	1.000	-10.441 7	16.928 0
	2.00	3.276 47	4.143 18	1.000	-12.172 1	18.725 0
	3.00	-12.920 30*	3.117 49	0.019	-24.561 1	-1.279 5
	4.00	-2.436 03	3.011 82	1.000	-13.896 3	9.024 2
	5.00	13.176 47	4.394 49	0.374	-5.112 5	31.465 5
	6.00	-8.592 76	4.415 96	0.946	-24.769 0	7.583 5
	7.00	-5.627 10	3.123 21	0.982	-17.263 6	6.009 4
	8.00	-2.023 53	3.459 99	1.000	-14.471 0	10.424 0
	9.00	-11.990 20	3.656 86	0.121	-25.301 6	1.321 2

注：1.*表示平均值之间差异的显著性水平为0.05。

2.若（年龄＝"20～29岁"＆职称＝"讲师"），则相互作用2=1.00；

若（年龄＝"20～29岁"＆职称＝"助教"），则相互作用2=2.00；

若（年龄＝"30～39岁"＆职称＝"副教授"），则相互作用2=3.00；

若（年龄＝"30～39岁"＆职称＝"讲师"），则相互作用2=4.00；

若（年龄＝"30～39岁"＆职称＝"助教"），则相互作用2=5.00；

若（年龄＝"40～49岁"＆职称＝"教授"），则相互作用2=6.00；

若（年龄="40～49岁"& 职称="副教授"），则相互作用2=7.00；
若（年龄="40～49岁"& 职称="讲师"），则相互作用2=8.00；
若（年龄="50～59岁"& 职称="教授"），则相互作用2=9.00；
若（年龄="50～59岁"& 职称="副教授"），则相互作用2=10.00。

表附录-3 多重比较

(年龄与学历的相互作用)

因变量：教学学术能力

Tambane　　　　　　　　　　　　　　　　　　　　　　　　　　95%置信区间

(I)相互作用3	(J)相互作用3	平均差值(I−J)	标准误差	显著性	下限	上限
1.00	2.00	14.000 00*	4.840 87	0.004	4.467 0	23.533 0
	3.00	3.325 20	4.492 78	0.460	−5.522 2	12.172 6
	4.00	3.258 77	4.358 72	0.455	−5.324 6	11.842 1
	5.00	3.333 33	8.392 44	0.692	−19.860 0	13.193 4
	6.00	−0.148 15	4.639 10	0.975	−9.283 6	8.987 3
	7.00	3.022 60	4.404 42	0.493	−5.650 8	11.696 0
	8.00	6.541 67	5.551 08	0.240	−4.389 7	17.473 1
	9.00	−3.333 33	6.224 00	0.593	−15.589 9	8.923 2
	10.00	4.916 67	4.784 43	0.305	−4.505 0	14.338 3
	11.00	7.500 00	5.934 35	0.207	−4.186 2	19.186 2
2.00	1.00	−14.000 00*	4.845 38	0.004	−23.541 7	−4.458 3
	3.00	−10.674 80*	2.906 24	0.000	−16.397 9	−4.951 7
	4.00	−10.741 23*	2.694 36	0.000	−16.047 1	−5.435 4
	5.00	−17.333 33*	7.661 22	0.025	−32.420 1	−2.246 6
	6.00	−14.148 15*	3.127 68	0.000	−20.307 3	−7.989 0
	7.00	−10.977 40*	2.767 69	0.000	−16.427 6	−5.527 2
	8.00	−7.458 33	4.367 57	0.089	−16.059 1	1.142 4
	9.00	−17.333 33*	5.196 09	0.001	−27.565 7	−7.101 0
	10.00	−9.083 33*	3.339 45	0.007	−15.659 5	−2.507 2
	11.00	−6.500 00	4.845 38	0.181	−16.041 7	3.041 7

续 表

(I) 相互作用3	(J) 相互作用3	平均差值 (I－J)	标准误差	显著性	下限	上限
3.00	1.00	－3.325 20	4.492 78	0.460	－12.172 6	5.522 2
	2.00	10.674 80*	2.906 24	0.000	4.951 7	16.397 9
	4.00	－0.066 43	1.991 72	0.973	－3.988 6	3.855 7
	5.00	－6.658 54	7.443 23	0.372	－21.916 0	7.998 9
	6.00	－3.473 35	2.547 50	0.174	－8.490 0	1.543 3
	7.00	－0.302 60	2.089 85	0.885	－4.418 0	3.812 8
	8.00	3.216 46	3.972 79	0.419	－4.606 9	11.039 8
	9.00	－6.658 54	4.868 96	0.173	－16.246 7	2.929 6
	10.00	1.591 46	2.803 45	0.571	－3.929 2	7.112 1
	11.00	4.174 80	4.492 78	0.354	－4.672 6	13.022 2
4.00	1.00	－3.258 77	4.358 72	0.455	－11.842 1	5.324 6
	2.00	－10.741 23*	2.694 36	0.000	5.435 4	16.047 1
	3.00	－0.066 43	1.991 72	0.973	－3.855 7	3.988 6
	5.00	－6.592 11	7.363 08	0.371	－21.091 8	7.907 6
	6.00	－3.406 92	2.302 84	0.140	－7.941 8	1.127 9
	7.00	－0.236 17	1.783 48	0.895	－3.748 3	3.275 9
	8.00	3.282 89	3.820 52	0.391	－4.240 6	10.806 4
	9.00	－6.592 11	4.745 53	0.166	－15.937 2	2.753 0
	10.00	1.657 89	2.583 14	0.522	－3.428 9	6.744 7
	11.00	4.241 23	4.358 72	0.331	－4.342 1	12.824 6

续 表

（I）相互作用3	（J）相互作用3	平均差值（I－J）	标准误差	显著性	下限	上限
5.00	1.00	3.333 33	8.392 44	0.692	-13.193 4	19.860 0
	2.00	17.333 33*	7.661 22	0.025	2.246 6	32.420 1
	3.00	6.658 54	7.443 23	0.372	-7.998 9	21.316 0
	4.00	6.592 11	7.363 08	0.371	-7.907 6	21.091 8
	6.00	3.185 19	7.532 45	0.673	-11.648 0	18.018 4
	7.00	6.355 93	7.390 23	0.391	-8.197 2	20.909 1
	8.00	9.875 00	8.125 95	0.225	-6.126 9	25.876 9
	9.00	0.000 00	8.599 70	1.000	-16.934 8	16.934 8
	10.00	8.250 00	7.622 82	0.280	-6.761 1	23.261 1
	11.00	10.833 33	8.392 44	0.198	-5.693 4	27.360 0
6.00	1.00	0.148 15	4.634 78	0.975	-8.987 3	9.283 6
	2.00	14.148 15*	3.124 77	0.000	7.989 0	20.307 3
	3.00	3.473 35	2.545 13	0.174	-1.543 3	8.490 0
	4.00	3.406 92	2.302 84	0.140	-1.127 9	7.941 8
	5.00	-3.185 19	7.525 43	0.673	-18.018 4	11.648 0
	7.00	3.170 75	2.388 23	0.185	-1.532 2	7.873 7
	8.00	6.689 81	4.137 53	0.107	-1.458 0	14.837 6
	9.00	-3.185 19	5.004 29	0.525	-13.039 8	6.669 4
	10.00	5.064 81	3.029 57	0.096	-0.906 7	11.036 3
	11.00	7.648 15	4.639 10	0.100	-1.487 3	16.783 6

续 表

（I）相互作用3	（J）相互作用3	平均差值（I－J）	标准误差	显著性	下限	上限
7.00	1.00	−3.022 60	4.400 32	0.493	−11.688 0	5.642 8
	2.00	10.977 40*	2.765 11	0.000	5.532 1	16.422 7
	3.00	0.302 60	2.087 91	0.885	−3.809 1	4.414 3
	4.00	0.236 17	1.783 48	0.895	−3.275 9	3.748 3
	5.00	−6.355 93	7.383 35	0.391	−20.895 8	8.183 9
	6.00	−3.170 75	2.388 23	0.185	−7.869 4	1.527 9
	8.00	3.519 07	3.868 97	0.364	−4.100 0	11.138 1
	9.00	−6.355 93	4.783 09	0.185	−15.775 1	3.071 9
	10.00	1.894 07	2.657 06	0.477	−3.338 4	7.131 3
	11.00	4.477 40	4.404 42	0.310	−4.196 0	13.150 8
8.00	1.00	−6.541 67	5.551 08	0.240	−17.473 1	4.389 7
	2.00	7.458 33	4.367 57	0.089	−1.142 4	16.059 1
	3.00	−3.216 46	3.972 79	0.419	−11.039 8	4.606 9
	4.00	−3.282 89	3.820 52	0.391	−10.806 4	4.240 6
	5.00	−9.875 00	8.125 95	0.225	−25.876 9	6.126 9
	6.00	−6.689 81	4.137 53	0.107	−14.837 6	1.458 0
	7.00	−3.519 07	3.872 58	0.364	−11.145 1	4.107 0
	9.00	−9.875 00	5.859 71	0.093	−21.414 2	1.664 2
	10.00	−1.625 00	4.299 85	0.706	−10.092 4	6.842 4
	11.00	0.958 33	5.551 08	0.863	−9.973 1	11.889 7

续 表

（I）相互作用3	（J）相互作用3	平均差值（I－J）	标准误差	显著性	下限	上限
9.00	1.00	3.333 33	6.224 00	0.593	−8.923 2	15.589 9
	2.00	17.333 33*	5.196 09	0.001	7.101 0	27.565 7
	3.00	6.658 54	4.864 42	0.173	−2.920 8	16.237 9
	4.00	6.592 11	4.745 53	0.166	−2.753 0	15.937 2
	5.00	0.000 00	8.599 70	1.000	−16.934 8	16.934 8
	6.00	3.185 19	5.004 29	0.525	−6.669 4	13.039 8
	7.00	6.355 93	4.787 55	0.185	−3.071 9	15.783 7
	8.00	9.875 00	5.859 71	0.093	−1.664 2	21.414 2
	10.00	8.250 00	5.134 51	0.110	−1.870 5	18.370 5
	11.00	10.833 33	6.224 00	0.083	−1.423 2	23.089 9
10.00	1.00	−4.916 67	4.784 43	0.305	−14.338 3	4.505 0
	2.00	9.083 33*	3.339 45	0.007	2.507 2	15.659 5
	3.00	−1.591 46	2.803 45	0.571	−7.112 1	3.929 2
	4.00	−1.657 89	2.583 14	0.522	−6.744 7	3.428 9
	5.00	−8.250 00	7.622 82	0.280	−23.261 1	6.761 1
	6.00	−5.064 81	3.032 40	0.096	−11.036 3	0.936 7
	7.00	−1.894 07	2.659 54	0.477	−7.131 3	3.343 2
	8.00	1.625 00	4.299 85	0.706	−6.842 4	10.092 4
	9.00	−8.250 00	5.134 51	0.110	−18.370 5	1.870 5
	11.00	2.583 33	4.784 43	0.590	−6.838 3	12.005 0

续 表

（I）相互作用3	（J）相互作用3	平均差值（I－J）	标准误差	显著性	下限	上限
11.00	1.00	−7.500 00	5.934 35	0.207	−19.186 2	4.186 2
	2.00	6.500 00	4.845 38	0.181	−3.041 7	16.041 7
	3.00	−4.174 80	4.492 78	0.354	−13.022 2	4.672 6
	4.00	−4.241 23	4.358 72	0.331	−12.824 6	4.342 1
	5.00	−10.833 33	8.392 44	0.198	−27.360 0	5.693 4
	6.00	−7.648 15	4.639 10	0.100	−16.783 6	1.487 3
	7.00	−4.477 40	4.404 42	0.310	−13.150 8	4.196 0
	8.00	−0.958 33	5.551 08	0.863	−11.889 7	9.973 1
	9.00	−10.833 33	6.224 00	0.083	−23.089 9	1.423 2
	10.00	−2.583 33	4.784 43	0.590	−12.005 0	6.838 3

注：1.*表示平均值之间差异的显著性水平为0.05。

2.若（年龄＝"20～29岁"＆学历＝"博士"），则相互作用3＝1.00；

若（年龄＝"20～29岁"＆学历＝"硕士"），则相互作用3＝2.00；

若（年龄＝"30～39岁"＆学历＝"博士"），则相互作用3＝3.00；

若（年龄＝"30～39岁"＆学历＝"硕士"），则相互作用3＝4.00；

若（年龄＝"30～39岁"＆学历＝"本科"），则相互作用3＝5.00；

若（年龄＝"40～49岁"＆学历＝"博士"），则相互作用3＝6.00；

若（年龄＝"40～49岁"＆学历＝"硕士"），则相互作用3＝7.00；

若（年龄＝"40～49岁"＆学历＝"本科"），则相互作用3＝8.00；

若（年龄＝"50～59岁"＆学历＝"博士"），则相互作用3＝9.00；

若（年龄＝"50～59岁"＆学历＝"硕士"），则相互作用3＝10.00；

若（年龄＝"50～59岁"＆学历＝"本科"），则相互作用3＝11.00。

表附录-4 多重比较
（年龄与学科专业的相互作用）

因变量：教学学术能力

Tambane   95%置信区间

（I）相互作用4	（J）相互作用4	平均差值（I−J）	标准误差	显著性	下限	上限
1.00	2.00	−2.761 54	4.389 79	0.530	−11.406 2	5.883 2
	3.00	−3.461 54	7.927 03	0.663	−19.072 0	12.149 0
	4.00	−9.265 89*	3.278 14	0.005	−15.721 4	−2.810 3
	5.00	−7.631 75*	3.270 44	0.020	−14.072 1	−1.191 4
	6.00	−11.421 54*	3.568 63	0.002	−18.449 2	−4.393 9
	7.00	−10.265 11*	3.213 00	0.002	−16.592 4	−3.937 8
	8.00	−7.307 69*	3.545 08	0.040	−14.288 9	−0.326 5
	9.00	−12.378 21*	4.177 91	0.003	−20.605 7	−4.150 8
	10.00	−5.696 83	3.845 17	0.140	−13.269 0	1.875 4
	11.00	−12.461 54*	4.892 67	0.011	−22.096 5	−2.826 5
	12.00	−9.318 68	4.892 67	0.058	−18.953 7	0.316 3

续 表

（I）相互作用4	（J）相互作用4	平均差值（I－J）	标准误差	显著性	下限	上限
2.00	1.00	−2.761 54	4.389 79	0.530	−5.883 2	11.406 2
	3.00	−0.700 00	8.084 02	0.931	−16.619 6	15.219 6
	4.00	−6.504 35	3.641 39	0.075	−13.675 2	0.666 5
	5.00	−4.840 21	3.634 46	0.181	−12.027 5	2.287 0
	6.00	−8.660 00*	3.904 95	0.027	−16.349 9	−0.970 1
	7.00	−7.503 57*	3.582 86	0.037	−14.559 2	−0.447 9
	8.00	−4.546 15	3.883 44	0.243	−12.193 7	3.101 4
	9.00	−9.616 67*	4.468 61	0.032	−18.416 6	−0.816 8
	10.00	−2.935 29	4.159 19	0.481	−11.125 9	5.255 3
	11.00	−9.700 00	5.143 12	0.060	−19.828 2	0.428 2
	12.00	−6.557 14	5.143 12	0.203	−16.685 4	3.571 1
3.00	1.00	3.461 54	7.927 03	0.663	−12.149 0	19.072 0
	2.00	0.700 00	8.081 31	0.931	−16.614 6	15.214 6
	4.00	−5.804 35	7.538 38	0.442	−20.649 5	9.040 8
	5.00	−4.170 21	7.535 04	0.580	−19.008 8	10.668 3
	6.00	−7.960 00	7.669 17	0.300	−23.062 7	7.142 7
	7.00	−6.803 57	7.510 29	0.366	−21.593 4	7.986 2
	8.00	−3.846 15	7.658 24	0.616	−18.927 3	11.235 0
	9.00	−8.916 67	7.970 95	0.264	−24.613 6	6.780 3
	10.00	−2.235 29	7.801 69	0.775	−17.599 0	13.128 4
	11.00	−9.000 00	8.367 75	0.283	−25.478 4	7.478 4
	12.00	−5.857 14	8.367 75	0.485	−22.335 5	10.621 3

续 表

（I）相互作用4	（J）相互作用4	平均差值（I－J）	标准误差	显著性	下限	上限
4.00	1.00	9.265 89*	3.278 14	0.005	2.810 3	15.721 4
	2.00	6.504 35	3.641 39	0.075	−0.666 5	13.675 2
	3.00	5.804 35	7.538 38	0.442	−9.040 8	20.649 5
	5.00	1.634 14	2.164 54	0.451	−2.628 4	5.896 7
	6.00	−2.155 65	2.593 17	0.407	−7.262 3	2.951 0
	7.00	−0.999 22	2.076 72	0.631	−5.088 9	3.090 4
	8.00	1.958 19	2.560 66	0.445	−3.084 4	7.000 8
	9.00	−3.112 32	3.382 95	0.358	−9.774 3	3.549 6
	10.00	3.569 05	2.962 24	0.229	−2.264 4	9.402 5
	11.00	−3.195 65	4.234 10	0.451	−11.533 8	5.142 5
	12.00	−0.052 80	4.234 10	0.990	−8.390 9	8.285 3
5.00	1.00	7.874 58*	3.270 44	0.020	1.191 4	14.072 1
	2.00	4.870 21	3.634 46	0.181	−2.287 0	12.027 5
	3.00	4.170 21	7.535 04	0.580	−10.668 3	19.008 8
	4.00	−1.634 14	2.164 54	0.451	−5.896 7	2.628 4
	6.00	−3.789 79	2.583 44	0.144	−8.877 3	1.297 7
	7.00	−2.390 53	2.064 56	0.203	−6.699 0	1.432 3
	8.00	0.324 06	2.550 81	0.899	−4.699 2	5.347 3
	9.00	−4.746 45	3.375 50	0.161	−11.393 7	1.900 8
	10.00	1.934 92	2.953 71	0.513	−3.881 7	7.751 6
	11.00	−4.829 79	4.228 15	0.254	−13.156 2	3.496 6
	12.00	−1.686 93	4.228 15	0.690	−10.013 3	6.639 5

续 表

(I)相互作用4	(J)相互作用4	平均差值(I−J)	标准误差	显著性	下限	上限
6.00	1.00	11.421 54*	3.568 63	0.002	4.393 9	18.449 2
	2.00	8.660 00*	3.903 65	0.027	0.972 5	16.347 5
	3.00	7.960 00	7.669 17	0.300	−7.142 7	23.062 7
	4.00	2.155 65	2.593 17	0.407	−2.951 0	7.262 3
	5.00	3.789 79	2.583 44	0.144	−1.297 7	8.877 3
	7.00	1.156 43	2.510 33	0.645	−3.787 1	6.099 9
	8.00	4.113 85	2.923 34	0.161	−1.643 0	9.870 7
	9.00	−0.956 67	3.665 15	0.794	−8.174 4	6.261 0
	10.00	5.724 71	3.280 81	0.082	−0.736 1	12.185 5
	11.00	−1.040 00	4.462 80	0.816	−9.828 5	7.748 5
	12.00	2.102 86	4.462 80	0.638	−6.685 6	10.891 3
7.00	1.00	12.265 11*	3.213 00	0.002	3.937 8	16.592 4
	2.00	7.503 57*	3.582 86	0.037	0.447 9	14.559 2
	3.00	6.803 57	7.510 29	0.366	−7.986 2	21.593 4
	4.00	0.999 22	2.064 56	0.631	−3.090 4	5.088 9
	5.00	2.633 60	2.064 56	0.203	−1.432 3	6.699 0
	6.00	−1.156 43	2.510 33	0.645	−6.099 9	3.787 1
	8.00	2.957 42	2.476 72	0.234	−1.919 9	7.834 8
	9.00	−2.113 10	3.319 87	0.525	−8.650 8	4.424 6
	10.00	4.568 28	2.889 98	0.115	−1.115 0	10.259 4
	11.00	−2.196 43	4.183 88	0.600	−10.435 6	6.042 8
	12.00	0.946 43	4.183 88	0.821	−7.292 8	9.185 6

205

续 表

(I)相互作用4	(J)相互作用4	平均差值(I−J)	标准误差	显著性	下限	上限
8.00	1.00	7.307 69*	3.545 08	0.040	0.326 5	14.288 9
	2.00	4.546 15	3.883 44	0.243	−3.101 4	12.193 7
	3.00	3.846 15	7.658 24	0.616	−11.235 0	18.927 3
	4.00	−1.958 19	2.560 66	0.445	−7.000 8	3.084 4
	5.00	−0.324 06	2.550 81	0.899	−5.347 3	4.699 2
	6.00	−4.113 85	2.923 34	0.161	−9.870 7	1.643 0
	7.00	−2.957 42	2.476 72	0.234	−7.834 8	1.919 9
	9.00	−5.070 51	3.642 22	0.165	−12.243 0	2.102 0
	10.00	1.610 86	3.255 18	0.621	−4.799 5	8.021 2
	11.00	−5.153 85	4.443 99	0.247	−13.905 3	3.597 6
	12.00	−2.010 99	4.443 99	0.651	−10.762 4	6.740 4
9.00	1.00	12.378 21*	4.176 51	0.003	4.150 8	20.605 7
	2.00	9.616 67*	4.468 61	0.032	0.816 8	18.416 6
	3.00	8.916 67	7.970 95	0.264	−6.780 3	24.613 6
	4.00	3.112 32	3.382 95	0.358	−3.549 6	9.774 3
	5.00	4.746 45	3.375 50	0.161	−1.900 8	11.393 7
	6.00	0.956 67	3.663 92	0.794	−6.261 0	8.174 4
	7.00	2.113 10	3.319 87	0.525	−4.424 6	8.650 8
	8.00	5.070 51	3.642 22	0.165	−2.102 0	12.243 0
	10.00	6.681 37	3.934 92	0.091	−1.067 6	14.430 3
	11.00	−0.083 33	4.963 51	0.987	−9.857 8	9.691 2
	12.00	3.059 52	4.963 51	0.538	−6.715 0	12.834 0

续 表

(I) 相互作用 4	(J) 相互作用 4	平均差值 (I−J)	标准误差	显著性	下限	上限
10.00	1.00	5.696 83	3.845 17	0.140	−1.875 4	13.269 0
	2.00	2.935 29	4.159 19	0.481	−5.255 3	11.125 9
	3.00	2.235 29	7.801 69	0.775	−13.128 4	17.599 0
	4.00	−3.569 05	2.962 23	0.229	−9.402 5	2.264 4
	5.00	−1.934 92	2.953 71	0.513	−7.751 6	3.881 7
	6.00	−5.724 71	3.280 81	0.082	−12.185 5	0.736 1
	7.00	−4.568 28	2.889 98	0.115	−10.259 4	1.122 9
	8.00	−1.610 86	3.255 18	0.621	−8.021 2	4.799 5
	9.00	−6.681 37	3.934 92	0.091	−14.430 3	1.067 6
	11.00	−6.764 71	4.686 88	0.150	−15.994 5	2.465 0
	12.00	−3.621 85	4.686 88	0.440	−12.851 6	5.607 9
11.00	1.00	12.461 54*	4.892 67	0.011	2.826 5	22.096 5
	2.00	9.700 00	5.143 12	0.060	−0.428 2	19.828 2
	3.00	9.000 00	8.367 75	0.283	−7.478 4	25.478 4
	4.00	3.195 65	4.234 10	0.451	−5.142 5	11.533 8
	5.00	4.829 79	4.228 15	0.254	−3.496 6	13.156 2
	6.00	1.040 00	4.462 80	0.816	−7.748 5	9.828 5
	7.00	2.196 43	4.183 88	0.600	−6.042 8	10.435 6
	8.00	5.153 85	4.443 99	0.247	−3.597 6	13.905 3
	9.00	0.083 33	4.963 51	0.987	−9.691 2	9.857 8
	10.00	6.764 71	4.686 88	0.150	−2.465 0	15.994 5
	12.00	3.142 86	5.578 50	0.574	−7.842 7	14.128 5

续 表

（I）相互作用4	（J）相互作用4	平均差值（I－J）	标准误差	显著性	下限	上限
12.00	1.00	9.318 68	4.892 67	0.058	−0.316 3	18.953 7
	2.00	6.557 14	5.143 12	0.203	−3.571 1	16.685 4
	3.00	5.857 14	8.367 75	0.485	−10.621 3	22.335 5
	4.00	0.052 80	4.234 10	0.990	−8.285 3	8.390 9
	5.00	1.444 10	4.228 15	0.690	−6.639 5	10.013 3
	6.00	−2.102 86	4.462 80	0.638	−10.891 3	6.685 6
	7.00	−0.946 43	4.183 88	0.821	−9.185 6	7.292 8
	8.00	2.010 99	4.443 99	0.651	−6.740 4	10.762 4
	9.00	−3.059 52	4.963 51	0.538	−12.834 0	6.715 0
	10.00	3.621 85	4.686 88	0.440	−5.607 9	12.851 6
	12.00	−3.142 86	5.578 50	0.574	−14.128 5	7.842 7

注：1.*表示平均值之间差异的显著性水平为0.05。

2.若（年龄＝"20～29 岁"＆学科专业＝"文科"），则相互作用4=1.00；

若（年龄＝"20～29 岁"＆学科专业＝"理科"），则相互作用4=2.00；

若（年龄＝"20～29 岁"＆学科专业＝"工科"），则相互作用4=3.00；

若（年龄＝"30～39 岁"＆学科专业＝"文科"），则相互作用4=4.00；

若（年龄＝"30～39 岁"＆学科专业＝"理科"），则相互作用4=5.00；

若（年龄＝"30～39 岁"＆学科专业＝"工科"），则相互作用4=6.00；

若（年龄＝"40～49 岁"＆学科专业＝"文科"），则相互作用4=7.00；

若（年龄＝"40～49 岁"＆学科专业＝"理科"），则相互作用4=8.00；

若（年龄＝"40～49 岁"＆学科专业＝"工科"），则相互作用4=9.00；

若（年龄＝"50～59 岁"＆学科专业＝"文科"），则相互作用4=10.00；

若（年龄＝"50～59 岁"＆学科专业＝"理科"），则相互作用4=11.00；

若（年龄＝"50～59 岁"＆学科专业＝"工科"），则相互作用4=12.00。

表附录-5 多重比较

（地域与职称的相互作用）

因变量：教学学术能力

Tambane 95%置信区间

（I）相互作用5	（J）相互作用5	平均差值（I－J）	标准误差	显著性	下限	上限
1.00	2.00	4.534 80	2.743 88	0.999	−5.711 9	14.781 5
	3.00	12.339 03*	3.129 38	0.022	0.889 1	23.788 9
	4.00	13.653 85	6.714 27	1.000	−58.708 6	86.016 3
	5.00	8.868 13	5.763 90	1.000	−22.369 4	40.105 7
	6.00	5.778 85	2.293 01	0.718	−3.075 3	14.633 0
	7.00	10.079 77*	2.174 76	0.009	1.644 7	18.917 5
	8.00	38.653 85	7.740 46	0.999	−2 911.517 9	2 988.825 6
	9.00	2.153 85	3.957 86	1.000	−18.356 2	22.663 9
	10.00	7.153 85	2.677 00	0.525	−2.664 9	16.972 6
	11.00	12.307 69*	2.254 42	0.001	3.526 8	21.088 6
	12.00	21.244 76*	3.182 37	0.000	8.578 6	33.910 9

续 表

(I)相互作用5	(J)相互作用5	平均差值(I－J)	标准误差	显著性	下限	上限
2.00	1.00	−4.534 80	2.743 88	0.999	−14.781 5	5.711 9
	3.00	7.804 23	3.161 09	0.685	−3.582 4	19.190 9
	4.00	9.119 05	6.729 10	1.000	−62.434 6	80.672 7
	5.00	4.333 33	5.781 18	1.000	−26.752 6	35.419 2
	6.00	1.244 05	2.336 10	1.000	−7.318 0	9.806 1
	7.00	5.544 97	2.220 15	0.618	−2.509 2	14.001 9
	8.00	34.119 05	7.753 33	1.000	−2 810.259 1	2 878.497 2
	9.00	−2.380 95	3.982 99	1.000	−22.649 9	17.888 0
	10.00	2.619 05	2.714 01	1.000	−7.069 0	12.307 1
	11.00	7.772 89	2.298 24	0.111	−0.689 4	16.235 2
	12.00	16.709 96*	3.213 56	0.002	4.159 2	29.260 8
3.00	1.00	−12.339 03*	3.129 38	0.022	−23.788 9	−0.889 1
	2.00	−7.804 23	3.161 09	0.685	−19.190 9	3.582 4
	4.00	1.314 81	6.895 29	1.000	−63.213 2	65.842 9
	5.00	−3.470 90	5.973 79	1.000	−33.638 1	26.696 3
	6.00	−6.560 19	2.778 76	0.788	−16.680 3	3.559 9
	7.00	−2.259 26	2.682 01	1.000	−12.124 0	7.605 5
	8.00	26.314 81	7.897 99	1.000	−1 920.191 1	1 972.820 7
	9.00	−10.185 19	4.257 74	0.911	−29.813 7	9.443 3
	10.00	−5.185 19	3.103 22	0.999	−16.247 7	5.877 3
	11.00	−0.031 34	2.747 01	1.000	−10.067 8	10.005 2
	12.00	8.905 72	3.548 40	0.700	−4.458 4	22.269 9

续表

(I)相互作用5	(J)相互作用5	平均差值($I-J$)	标准误差	显著性	下限	上限
4.00	1.00	−13.653 85	6.714 27	1.000	−86.016 3	58.708 6
	2.00	−9.119 05	6.729 10	1.000	−80.672 7	62.434 6
	3.00	−1.314 81	6.895 29	1.000	−65.842 9	63.213 2
	5.00	−4.785 71	8.424 64	1.000	−52.271 8	42.700 4
	6.00	−7.875 00	6.558 19	1.000	−89.157 0	73.407 0
	7.00	−3.574 07	6.517 79	1.000	−87.671 0	80.522 8
	8.00	25.000 00	9.882 64	0.999	−165.874 2	215.874 2
	9.00	−11.500 00	7.308 67	1.000	−67.158 6	44.158 6
	10.00	−6.500 00	6.702 11	1.000	−79.334 1	66.334 1
	11.00	−1.346 15	6.544 80	1.000	−83.537 6	80.845 3
	12.00	7.590 91	6.919 50	1.000	−56.425 5	71.607 3
5.00	1.00	−8.868 13	5.763 90	1.000	−40.105 7	22.369 4
	2.00	−4.333 33	5.781 18	1.000	−35.419 2	26.752 6
	3.00	3.470 90	5.973 79	1.000	−26.696 3	33.638 1
	4.00	4.785 71	8.424 64	1.000	−42.700 4	52.271 8
	6.00	−3.089 29	5.581 31	1.000	−35.586 0	29.407 4
	7.00	1.412 99	5.533 78	1.000	−31.726 1	34.149 4
	8.00	29.785 71	9.263 25	0.994	−218.088 2	277.659 6
	9.00	−6.714 29	6.446 54	1.000	−37.470 9	24.042 3
	10.00	−1.714 29	5.749 74	1.000	−32.946 6	29.518 0
	11.00	3.439 56	5.565 57	1.000	−29.199 0	36.078 2
	12.00	12.376 62	6.001 72	0.992	−17.928 2	42.681 4

续 表

（I）相互作用5	（J）相互作用5	平均差值（I－J）	标准误差	显著性	下限	上限
6.00	1.00	−5.778 85	2.293 01	0.718	−14.633 0	3.075 3
	2.00	−1.244 05	2.336 10	1.000	−9.806 1	7.318 0
	3.00	6.560 19	2.778 76	0.788	−3.559 9	16.680 3
	4.00	7.875 00	6.558 19	1.000	−73.407 0	89.157 0
	5.00	3.089 29	5.581 31	1.000	−29.407 4	35.586 0
	7.00	4.300 93	1.630 36	0.484	−1.191 9	10.196 0
	8.00	32.875 00	7.605 47	1.000	−4 346.722 3	4 412.472 3
	9.00	−3.625 00	3.686 89	1.000	−25.656 2	18.406 2
	10.00	1.375 00	2.257 19	1.000	−6.544 6	9.294 6
	11.00	6.528 85*	1.735 20	0.021	0.455 0	12.602 7
	12.00	15.465 91*	2.838 31	0.004	3.607 9	27.323 9
7.00	1.00	−10.281 12*	2.174 76	0.009	−18.917 5	−1.644 7
	2.00	−5.544 97	2.220 15	0.618	−14.001 9	2.509 2
	3.00	2.259 26	2.682 01	1.000	−7.807 4	11.923 3
	4.00	3.574 07	6.517 93	1.000	−80.714 0	87.459 4
	5.00	−1.412 99	5.533 94	1.000	−34.349 1	31.523 1
	6.00	−4.300 93	1.630 92	0.376	−10.196 0	1.191 4
	8.00	28.574 07	7.570 78	1.000	−4 853.114 9	4 909.860 4
	9.00	−8.127 27	3.614 54	0.989	−30.936 0	14.681 4
	10.00	−3.127 27	2.136 95	1.000	−10.656 3	4.401 7
	11.00	2.027 92	1.575 63	1.000	−3.472 7	7.525 9
	12.00	10.964 98	2.743 66	0.089	−0.866 5	22.793 8

续 表

（I）相互作用5	（J）相互作用5	平均差值（I−J）	标准误差	显著性	下限	上限
8.00	1.00	−38.653 85	7.740 46	0.999	−2 988.825 6	2 911.517 9
	2.00	−34.119 05	7.753 33	1.000	−2 878.497 2	2 810.259 1
	3.00	−26.314 81	7.897 99	1.000	−1 972.720 7	1 920.191 1
	4.00	−25.000 00	9.882 64	0.999	−215.874 2	165.874 2
	5.00	−29.785 71	9.263 25	0.994	−277.659 6	218.088 2
	6.00	−32.875 00	7.605 47	1.000	−4 412.472 3	4 346.722 3
	7.00	−28.574 07	7.570 78	1.000	−4 911.922 8	4 854.774 7
	9.00	−36.500 00	8.261 36	0.996	−946.351 6	873.351 6
	10.00	−31.500 00	7.729 92	1.000	−3 065.789 7	3 002.789 7
	11.00	−26.346 15	7.593 93	1.000	−4 565.561 9	4 512.869 6
	12.00	−17.409 09	7.919 14	1.000	−1 872.818 1	1 837.999 9
9.00	1.00	−2.153 85	3.957 86	1.000	−22.663 9	18.356 2
	2.00	2.380 95	3.982 99	1.000	−17.888 0	22.649 9
	3.00	10.185 19	4.257 74	0.911	−9.443 3	29.813 7
	4.00	11.500 00	7.308 67	1.000	−44.158 6	67.158 6
	5.00	6.714 29	6.446 54	1.000	−24.042 3	37.470 9
	6.00	3.625 00	3.686 89	1.000	−18.406 2	25.656 2
	7.00	8.127 27	3.614 79	0.989	−14.886 1	30.936 0
	8.00	36.500 00	8.261 36	0.996	−873.351 6	946.351 6
	10.00	5.000 0	3.937 21	1.000	−15.332 2	25.332 2
	11.00	10.153 85	3.663 02	0.875	−12.118 3	32.426 0
	12.00	19.090 91	4.296 84	0.073	−1.077 0	39.258 9

续 表

(I) 相互作用5	(J) 相互作用5	平均差值 (I−J)	标准误差	显著性	下限	上限
10.00	1.00	−7.153 85	2.677 00	0.525	−16.972 6	2.664 9
	2.00	−2.619 05	2.714 01	1.000	−12.307 1	7.069 0
	3.00	5.185 19	3.103 22	0.999	−5.877 3	16.247 7
	4.00	6.500 00	6.702 11	1.000	−66.334 1	79.334 1
	5.00	1.714 29	5.749 74	1.000	−29.518 0	32.946 6
	6.00	−1.375 00	2.257 18	1.000	−9.294 6	6.544 6
	7.00	3.127 27	2.136 95	1.000	−10.454 1	4.602 2
	8.00	31.500 00	7.729 92	1.000	−3 065.789 7	3 002.789 7
	9.00	−5.000 00	3.937 21	1.000	−25.332 2	15.332 2
	11.00	5.153 85	2.217 97	0.785	−2.640 4	12.948 1
	12.00	14.090 91*	3.156 66	0.012	1.811 3	26.370 5
11.00	1.00	−12.307 69*	2.254 42	0.001	−21.088 6	−3.526 8
	2.00	−7.772 89	2.298 24	0.111	−16.235 2	0.689 4
	3.00	0.031 34	2.747 01	1.000	−10.005 2	10.067 8
	4.00	1.346 15	6.544 80	1.000	−80.845 3	83.537 6
	5.00	−3.439 56	5.565 57	1.000	−36.078 2	29.199 0
	6.00	−6.528 85*	1.735 20	0.021	−12.602 7	−0.455 0
	7.00	−2.227 92	1.575 63	1.000	−7.726 4	3.270 6
	8.00	26.346 15	7.593 93	1.000	−4 512.869 6	4 565.561 9
	9.00	−10.153 85	3.663 02	0.875	−32.426 0	12.118 3
	10.00	−5.153 85	2.217 97	0.785	−12.948 1	2.640 4
	12.00	8.937 06	2.807 23	0.341	−2.907 5	20.781 6

续 表

（I）相互作用5	（J）相互作用5	平均差值（I－J）	标准误差	显著性	下限	上限
12.00	1.00	−21.244 76*	3.182 37	0.000	−33.910 9	−8.578 6
	2.00	−16.709 96*	3.213 56	0.002	−29.260 8	−4.159 2
	3.00	−8.905 72	3.548 40	0.700	−22.260 8	4.458 4
	4.00	−7.590 91	6.919 50	1.000	−71.607 3	56.425 5
	5.00	−12.376 62	6.001 72	0.992	−42.681 4	17.928 2
	6.00	−15.465 91*	2.838 31	0.004	−27.323 9	−3.607 9
	7.00	−10.963 64	2.743 66	0.089	−22.995 5	0.865 5
	8.00	17.409 09	7.919 14	1.000	−1 837.999 9	1 872.818 1
	9.00	−19.090 91	4.296 84	0.073	−39.258 9	1.077 0
	10.00	−14.090 91*	3.156 66	0.012	−26.370 5	−1.811 3
	12.00	−8.937 06	2.807 23	0.341	−20.781 6	2.907 5

注：1.*表示平均值之间差异的显著性水平为0.05。

2.若（地域＝"发达地区"＆职称＝"教授"），则相互作用5=1.00；

若（地域＝"发达地区"＆职称＝"副教授"），则相互作用5=2.00；

若（地域＝"发达地区"＆职称＝"讲师"），则相互作用5=3.00；

若（地域＝"发达地区"＆职称＝"助教"），则相互作用5=4.00；

若（地域＝"中部地区"＆职称＝"教授"），则相互作用5=5.00；

若（地域＝"中部地区"＆职称＝"副教授"），则相互作用5=6.00；

若（地域＝"中部地区"＆职称＝"讲师"），则相互作用5=7.00；

若（地域＝"中部地区"＆职称＝"助教"），则相互作用5=8.00；

若（地域＝"欠发达地区"＆职称＝"教授"），则相互作用5=9.00；

若（地域＝"欠发达地区"＆职称＝"副教授"），则相互作用5=10.00；

若（地域＝"欠发达地区"＆职称＝"讲师"），则相互作用5=11.00；

若（地域＝"欠发达地区"＆职称＝"助教"），则相互作用5=12.00。

表附录-6 多重比较
(地域与学历的相互作用)

因变量：教学学术能力

Tambane

95%置信区间

(I) 相互作用6	(J) 相互作用6	平均差值 (I－J)	标准误差	显著性	下限	上限
1.00	2.00	6.335 66*	2.781 05	0.024	0.859 3	11.812 0
	3.00	−10.428 57	6.396 61	0.104	−23.024 5	2.167 4
	4.00	4.384 44	2.781 05	0.116	−1.091 9	9.860 8
	5.00	5.255 34*	2.643 69	0.048	0.057 9	10.452 7
	6.00	8.838 10	5.153 51	0.088	−1.317 1	18.993 3
	7.00	2.613 10	3.436 70	0.448	−4.159 1	9.385 3
	8.00	6.535 39*	2.560 63	0.011	1.489 6	11.581 2
	9.00	13.460 32*	4.126 11	0.001	5.329 6	21.591 0
2.00	1.00	−6.335 66*	2.779 11	0.024	−11.812 0	−0.859 3
	3.00	−16.764 23*	6.194 19	0.007	−28.970 1	−4.558 3
	4.00	−1.951 22	2.287 36	0.395	−6.458 6	2.556 1
	5.00	−1.080 32	2.120 77	0.610	−5.244 3	3.083 7
	6.00	2.502 44	4.905 83	0.611	−7.164 7	12.169 6
	7.00	−3.722 56	3.052 79	0.224	−9.734 1	2.289 0
	8.00	0.199 74	2.016 29	0.921	−3.770 7	4.170 2
	9.00	7.124 66	3.812 26	0.063	−0.382 4	14.631 8

续表

（I）相互作用6	（J）相互作用6	平均差值（I－J）	标准误差	显著性	下限	上限
3.00	1.00	10.428 57	6.392 14	0.104	−2.158 8	23.016 0
	2.00	16.764 23*	6.194 19	0.007	4.566 6	28.961 8
	4.00	14.813 01*	6.194 19	0.018	2.615 4	27.010 6
	5.00	15.473 68*	6.134 63	0.011	3.393 4	27.554 0
	6.00	19.266 67*	7.563 28	0.011	4.373 0	34.160 3
	7.00	13.041 67*	6.515 79	0.047	0.210 8	25.872 6
	8.00	16.963 96*	6.099 30	0.006	4.953 2	28.974 7
	9.00	23.888 89*	6.904 30	0.001	10.292 9	37.484 8
5.00	1.00	−4.384 44	2.779 11	0.116	−9.857 1	1.088 2
	2.00	1.951 22	2.287 36	0.395	−2.556 1	6.458 6
	3.00	−14.813 01*	6.194 19	0.018	−27.010 6	−2.615 4
	4.00	0.870 90	2.120 77	0.681	−3.293 1	5.034 9
	6.00	4.453 66	4.905 83	0.365	−5.213 5	14.120 8
	7.00	−1.771 34	3.052 79	0.563	−7.787 0	4.244 3
	8.00	2.150 96	2.016 29	0.287	−1.819 5	6.121 4
	9.00	9.075 88*	3.812 26	0.018	1.568 8	16.583 0
6.00	1.00	−5.255 34*	2.643 69	0.048	−10.452 7	−0.057 9
	2.00	1.290 54	2.120 77	0.610	−3.083 7	5.244 3
	3.00	−15.683 91*	6.134 63	0.011	−27.767 2	−3.600 6
	4.00	−0.870 90	2.114 59	0.681	−5.034 9	3.293 1
	5.00	3.582 76	4.830 41	0.459	−5.929 2	13.094 7
	7.00	−2.642 24	2.920 05	0.367	−8.405 1	3.120 6
	8.00	1.280 08	1.815 13	0.482	−2.298 9	4.859 0
	9.00	8.204 98*	3.714 70	0.028	0.893 6	15.516 3

续 表

（I）相互作用6	（J）相互作用6	平均差值（I－J）	标准误差	显著性	下限	上限
7.00	1.00	−8.838 10	5.153 51	0.088	−18.986 4	1.310 2
	2.00	−2.502 44	4.905 83	0.611	−12.163 0	7.158 1
	3.00	−19.266 67*	7.563 28	0.011	−34.160 3	−4.373 0
	4.00	−4.453 66	4.905 83	0.365	−14.114 2	5.206 9
	5.00	−3.582 76	4.830 41	0.459	−13.305 0	5.719 1
	6.00	−6.225 00	5.306 10	0.242	−16.673 8	4.223 8
	8.00	−2.302 70	4.785 46	0.631	−11.726 2	7.120 8
	9.00	4.622 22	5.776 55	0.425	−6.763 0	15.997 4
9.00	1.00	−2.613 10	3.436 70	0.448	−9.380 7	4.154 5
	2.00	3.722 56	3.052 79	0.224	−2.293 1	9.734 1
	3.00	−13.041 67*	6.525 79	0.047	0.210 8	25.872 6
	4.00	1.771 34	3.052 79	0.563	−4.240 2	7.782 9
	5.00	2.642 24	2.930 05	0.367	−3.120 6	8.405 1
	6.00	6.225 00	5.306 10	0.242	−4.230 9	16.680 9
	8.00	3.922 30	2.855 33	0.171	−1.700 4	9.545 0
	9.00	10.847 22*	4.315 19	0.013	2.349 8	19.344 7
10.00	1.00	−6.535 39*	2.560 63	0.011	−11.577 8	−1.493 0
	2.00	−0.199 74	2.016 29	0.921	−4.172 9	3.773 4
	3.00	−16.963 96*	6.099 30	0.006	−28.974 7	−4.953 2
	4.00	−2.150 96	2.016 29	0.287	−6.121 4	1.819 5
	5.00	−1.490 28	1.825 13	0.482	−4.859 0	2.298 9
	6.00	2.302 70	4.785 46	0.631	−7.120 8	11.726 2
	7.00	−3.922 30	2.855 33	0.171	−9.545 0	1.700 4
	9.00	6.924 92	3.656 06	0.060	−0.274 6	14.124 4

续 表

（I）相互作用6	（J）相互作用6	平均差值（I－J）	标准误差	显著性	下限	上限
9.00	1.00	−13.460 32*	4.126 11	0.001	−21.585 5	−5.335 2
	2.00	−7.124 66	3.812 26	0.063	−14.631 8	0.382 4
	3.00	−23.888 89*	6.904 30	0.001	−37.484 8	−10.292 9
	4.00	−9.075 88*	3.812 26	0.018	−16.583 0	−1.568 8
	5.00	−8.415 30*	3.714 70	0.028	−15.516 3	−0.893 6
	6.00	−4.622 22	5.776 55	0.425	−16.005 2	6.760 7
	7.00	−10.847 22*	4.315 19	0.013	−19.344 7	−2.349 8
	8.00	−6.924 92	3.656 06	0.060	−14.124 4	0.274 6

注：1.*表示平均值之间差异的显著性水平为0.05。

2.若（地域＝"发达地区"＆学历＝"博士"），则相互作用6=1.00；

若（地域＝"发达地区"＆学历＝"硕士"），则相互作用6=2.00；

若（地域＝"发达地区"＆学历＝"本科"），则相互作用6=3.00；

若（地域＝"中部地区"＆学历＝"博士"），则相互作用6=4.00；

若（地域＝"中部地区"＆学历＝"硕士"），则相互作用6=5.00；

若（地域＝"中部地区"＆学历＝"本科"），则相互作用6=6.00；

若（地域＝"欠发达地区"＆学历＝"博士"），则相互作用6=7.00；

若（地域＝"欠发达地区"＆学历＝"硕士"），则相互作用6=8.00；

若（地域＝"欠发达地区"＆学历＝"本科"），则相互作用6=9.00。

表附录-7　多重比较

（地域与学科专业的相互作用）

因变量：教学学术能力

Tambane　　　　　　　　　　　　　　　　　　　　　　　　95%置信区间

（I）相互作用7	（J）相互作用7	平均差值（I－J）	标准误差	显著性	下限	上限
1.00	2.00	−1.410 66	2.996 22	0.638	−7.310 8	4.489 5
	3.00	−6.423 65	3.448 82	0.064	−13.215 1	0.369 2
	4.00	−1.089 15	2.571 33	0.672	−6.152 6	3.974 3
	5.00	0.810 79	2.599 08	0.755	−4.307 2	5.928 8
	6.00	−0.721 26	2.924 37	0.805	−6.479 9	5.037 4
	7.00	0.733 04	2.384 10	0.759	−3.961 7	5.427 8
	8.00	2.931 03	2.783 01	0.293	−2.550 4	8.412 5
	9.00	−2.012 93	4.232 10	0.635	−10.346 8	6.322 6
2.00	1.00	1.410 66	2.996 22	0.638	−4.489 5	7.310 8
	3.00	−5.012 99	3.623 06	0.168	−12.147 5	2.121 5
	4.00	0.321 51	2.800 70	0.909	−5.194 8	5.837 8
	5.00	2.221 45	2.839 04	0.433	−3.344 0	7.786 9
	6.00	0.689 39	3.127 96	0.826	−5.470 2	6.849 0
	7.00	2.143 70	2.629 85	0.416	−3.035 0	7.322 4
	8.00	4.342 69	2.996 22	0.149	−1.558 5	10.241 9
	9.00	−0.602 27	4.375 26	0.891	−9.218 0	8.013 5

续表

(I) 相互作用7	(J) 相互作用7	平均差值 (I−J)	标准误差	显著性	下限	上限
3.00	1.00	6.423 65	3.448 82	0.064	−0.367 8	13.215 1
	2.00	5.012 99	3.623 06	0.168	−2.121 5	12.147 5
	4.00	5.334 49	3.280 38	0.105	−1.125 2	11.794 2
	5.00	7.234 43*	3.302 47	0.029	0.731 3	13.737 5
	6.00	5.702 38	3.563 87	0.111	−1.317 0	12.721 8
	7.00	7.156 68*	3.135 78	0.023	0.980 4	13.332 9
	8.00	9.354 68*	3.448 82	0.007	2.561 9	16.147 5
	9.00	4.410 71	4.696 80	0.349	−4.840 1	13.661 6
4.00	1.00	1.089 15	2.571 33	0.672	−3.974 3	6.152 6
	2.00	−0.321 51	2.800 70	0.909	−5.837 8	5.194 8
	3.00	−5.334 49	3.280 38	0.105	−11.795 6	1.126 6
	5.00	1.899 11	2.386 32	0.424	−2.768 8	6.568 7
	6.00	0.367 89	2.723 69	0.893	−4.995 6	5.731 4
	7.00	1.822 19	2.133 19	0.394	−2.378 5	6.022 9
	8.00	4.020 19	2.571 33	0.119	−1.043 3	9.083 6
	9.00	−0.923 78	4.096 00	0.822	−8.989 6	7.142 1
5.00	1.00	−0.810 79	2.599 08	0.755	−5.928 8	4.307 2
	2.00	−2.221 45	2.826 30	0.433	−7.786 9	3.344 0
	3.00	−7.234 43*	3.302 47	0.029	−13.737 5	−0.731 3
	4.00	−1.899 40	2.370 92	0.424	−6.568 7	2.768 8
	6.00	−1.532 05	2.749 98	0.578	−6.947 2	3.883 1
	7.00	−0.077 75	2.166 35	0.971	−4.343 7	4.188 2
	8.00	2.120 25	2.599 08	0.415	−2.997 8	7.238 3
	9.00	−2.823 72	4.114 04	0.493	−10.924 9	5.277 5

续 表

(I)相互作用7	(J)相互作用7	平均差值(I−J)	标准误差	显著性	下限	上限
6.00	1.00	0.721 26	2.924 37	0.805	−5.037 4	6.479 9
	2.00	−0.689 39	3.127 96	0.826	−6.850 2	5.470 2
	3.00	−5.702 38	3.563 87	0.111	−12.720 4	1.315 6
	4.00	−0.367 89	2.723 69	0.893	−5.731 4	4.995 6
	5.00	1.532 05	2.763 11	0.578	−3.883 1	6.947 2
	7.00	1.454 30	2.547 69	0.569	−3.353 7	6.472 3
	8.00	3.652 30	2.924 37	0.213	−9.411 0	2.106 4
	9.00	−1.291 67	4.326 37	0.766	−7.227 8	9.811 2
7.00	1.00	−0.733 04	2.384 10	0.759	−3.961 7	5.427 8
	2.00	−2.143 70	2.629 85	0.416	−3.035 0	7.322 4
	3.00	−7.156 68*	3.135 78	0.023	−13.331 7	0.981 7
	4.00	−1.822 19	2.133 19	0.394	−6.022 9	2.378 5
	5.00	−0.077 75	2.166 35	0.971	−4.188 2	4.343 7
	6.00	−1.454 30	2.548 26	0.569	−6.472 3	3.563 7
	8.00	2.198 00	2.384 10	0.358	−2.496 8	6.892 8
	9.00	−2.745 97	3.981 14	0.491	−10.585 6	5.093 7
8.00	1.00	−2.931 03	2.783 01	0.293	−8.411 3	2.549 3
	2.00	−4.341 69	2.996 22	0.149	−10.241 9	1.558 5
	3.00	−9.354 68*	3.448 82	0.007	−16.147 5	−2.561 9
	4.00	−4.020 19	2.571 33	0.119	−9.083 6	1.043 3
	5.00	−2.120 25	2.613 04	0.415	−7.238 3	2.997 8
	6.00	−3.652 30	2.924 37	0.213	−9.411 0	2.106 4
	7.00	−2.198 00	2.384 10	0.358	−6.892 8	2.496 8
	9.00	−4.943 97	4.232 10	0.244	−13.277 8	3.389 9

续 表

(I)相互作用7	(J)相互作用7	平均差值(I-J)	标准误差	显著性	下限	上限
9.00	1.00	2.012 93	4.232 10	0.635	-6.320 9	10.346 8
	2.00	0.602 27	4.375 26	0.891	-8.013 5	9.218 0
	3.00	-4.410 71	4.696 80	0.349	-13.659 7	4.838 2
	4.00	0.923 78	4.096 00	0.822	-8.989 6	7.142 1
	5.00	2.532 89	4.122 32	0.539	-5.584 8	10.650 6
	6.00	1.291 67	4.326 37	0.766	-7.227 8	9.811 2
	7.00	2.745 97	3.981 14	0.491	-5.093 7	10.585 6
	8.00	4.943 97	4.232 10	0.244	-3.389 9	13.277 8

注：1.*表示平均值之间差异的显著性水平为0.05。

2.若（地域＝"发达地区"＆学科专业＝"文科"），则相互作用7=1.00；

若（地域＝"发达地区"＆学科专业＝"理科"），则相互作用7=2.00；

若（地域＝"发达地区"＆ 学科专业＝"工科"），则相互作用7=3.00；

若（地域＝"中部地区"＆学科专业＝"文科"），则相互作用7=4.00；

若（地域＝"中部地区"＆ 学科专业＝"理科"），则相互作用7=5.00；

若（地域＝"中部地区"＆学科专业t＝"工科"），则相互作用7=6.00；

若（地域＝"不发达地区"＆学科专业＝"文科"），则相互作用7=7.00；

若（地域＝"不发达地区"＆学科专业＝"理科"），则相互作用7=8.00；

若（地域＝"不发达地区"＆学科专业＝"工科"），则相互作用7=9.00。

表附录-8　多重比较

（职称与学历的相互作用）

因变量：教学学术能力

Tambane

95%置信区间

(I)相互作用8	(J)相互作用8	平均差值(I-J)	标准误差	显著性	下限	上限
1.00	2.00	8.400 00*	3.911 48	0.033	0.697 2	16.102 8
	3.00	-6.500 00	7.141 35	0.364	-20.563 3	7.563 3
	4.00	5.320 00	3.153 03	0.093	-0.890 2	11.530 2
	5.00	6.085 71*	2.765 39	0.029	0.639 8	11.531 6
	6.00	6.555 56	4.035 60	0.106	-1.391 8	14.502 9
	7.00	10.189 19*	2.963 81	0.001	4.352 5	16.025 8
	8.00	11.113 92*	2.739 01	0.000	5.847 9	16.627 1
	9.00	21.000 00*	5.355 16	0.000	10.454 0	31.546 0
	10.00	2.500 00	7.140 21	0.727	-11.561 3	16.561 3
	11.00	22.307 69*	3.638 11	0.000	15.143 1	29.472 3
	12.00	34.000 00*	7.140 21	0.000	19.938 7	48.061 3

续 表

（I）相互作用8	（J）相互作用8	平均差值（I－J）	标准误差	显著性	下限	上限
2.00	1.00	-8.400 00*	3.910 85	0.033	-16.101 7	-0.698 3
	3.00	-14.900 00*	7.316 54	0.043	-29.310 6	-0.489 4
	4.00	-3.080 00	3.534 22	0.384	-10.040 0	3.880 0
	5.00	-2.314 29	3.193 20	0.469	-8.602 7	3.974 1
	6.00	-1.844 44	4.339 96	0.671	-10.391 2	6.702 3
	7.00	1.789 19	3.366 49	0.596	-4.840 5	8.418 9
	8.00	2.713 92	3.170 38	0.371	-3.402 5	9.077 5
	9.00	12.600 00*	5.588 10	0.025	1.595 3	23.604 7
	10.00	-5.900 00	7.316 54	0.421	-20.310 6	8.510 6
	11.00	13.907 69*	3.973 03	0.001	6.083 6	21.731 8
	12.00	25.600 00*	7.316 54	0.001	11.191 5	40.008 5
3.00	1.00	6.500 00	7.140 21	0.364	-7.561 3	20.561 3
	2.00	14.900 00*	7.316 54	0.043	0.491 5	29.308 5
	4.00	11.820 00	6.941 07	0.090	-1.849 1	25.489 1
	5.00	12.585 71	6.773 80	0.064	-0.754 0	25.925 4
	6.00	13.055 56	7.383 97	0.078	-1.485 8	27.596 9
	7.00	16.689 19*	6.857 19	0.016	3.185 2	30.193 1
	8.00	17.613 92*	6.763 07	0.009	4.419 1	31.055 9
	9.00	27.500 00*	8.180 14	0.001	11.390 8	43.609 2
	10.00	9.000 00	9.445 61	0.342	-9.601 3	27.601 3
	11.00	28.807 69*	7.174 45	0.000	14.679 0	42.936 4
	12.00	40.500 00*	9.445 61	0.000	21.898 7	59.101 3

续表

(I)相互作用8	(J)相互作用8	平均差值(I-J)	标准误差	显著性	下限	上限
4.00	1.00	-5.320 00	3.153 03	0.093	-11.529 3	0.889 3
	2.00	3.080 00	3.534 22	0.384	-3.880 0	10.040 0
	3.00	-11.820 00	6.941 07	0.090	-25.489 1	1.851 1
	5.00	0.765 71	2.200 76	0.728	-3.568 3	5.100 3
	6.00	1.235 56	3.671 79	0.737	-5.995 3	8.466 6
	7.00	4.869 19*	2.445 43	0.048	0.052 7	9.685 0
	8.00	5.793 92*	2.167 52	0.007	1.654 8	10.180 2
	9.00	15.680 00*	5.086 61	0.002	5.661 5	25.697 1
	10.00	-2.820 00	6.941 07	0.685	-16.489 1	10.849 1
	11.00	16.987 69*	3.229 83	0.000	10.627 1	23.348 2
	12.00	28.680 00*	6.941 07	0.000	15.010 9	42.349 1
5.00	1.00	-6.085 71*	2.765 39	0.029	-11.531 6	-0.639 8
	2.00	2.314 29	3.193 20	0.469	-3.974 1	8.602 7
	3.00	-12.585 71	6.773 80	0.064	-25.925 4	0.754 0
	4.00	-0.765 71	2.200 76	0.728	-5.100 3	3.568 3
	6.00	0.469 84	3.344 82	0.888	-6.117 2	7.056 8
	7.00	4.103 47*	1.919 87	0.034	0.322 7	7.884 3
	8.00	5.028 21*	1.550 46	0.001	2.107 0	8.196 6
	9.00	14.914 29*	4.855 87	0.002	5.351 6	24.477 0
	10.00	-3.585 71	6.773 80	0.597	-16.926 4	9.754 0
	11.00	16.221 98*	2.852 65	0.000	10.604 2	21.840 5
	12.00	27.914 29*	6.773 80	0.000	14.574 6	41.254 0

续 表

（I）相互作用8	（J）相互作用8	平均差值（I－J）	标准误差	显著性	下限	上限
6.00	1.00	−6.555 56	4.035 60	0.106	−14.502 9	1.391 8
	2.00	1.844 44	4.339 96	0.671	−6.702 3	10.391 2
	3.00	−13.055 56	7.383 97	0.078	−27.598 9	1.487 8
	4.00	−1.235 56	3.671 79	0.737	−8.466 5	5.995 3
	5.00	−0.469 84	3.344 82	0.888	−7.056 8	6.117 2
	7.00	3.633 63	3.510 64	0.302	−3.280 9	10.547 2
	8.00	4.558 77	3.323 05	0.160	−1.858 9	11.222 8
	9.00	14.444 44*	5.676 10	0.012	3.266 4	25.622 5
	10.00	−4.055 56	7.383 97	0.583	−18.596 9	10.485 8
	11.00	15.752 14*	4.095 89	0.000	7.686 1	23.818 2
	12.00	27.444 44*	7.383 97	0.000	12.903 1	41.985 8
7.00	1.00	−10.189 19*	2.963 81	0.001	−16.025 8	−4.352 5
	2.00	−1.789 19	3.366 49	0.596	−8.418 9	4.840 5
	3.00	−16.689 19*	6.857 19	0.016	−30.193 1	−3.185 2
	4.00	−4.869 19*	2.445 43	0.048	−9.685 0	−0.053 4
	5.00	−4.103 47*	1.919 87	0.034	−7.884 3	−0.322 7
	6.00	−3.633 63	3.510 64	0.302	−10.547 2	3.279 9
	8.00	1.048 31	1.881 67	0.577	−2.650 4	4.747 0
	9.00	10.810 81*	4.971 54	0.031	1.018 9	20.601 3
	10.00	−7.689 19	6.857 19	0.263	−21.193 1	5.816 7
	11.00	12.118 50*	3.045 39	0.000	6.121 2	18.115 8
	12.00	23.810 81*	6.857 19	0.001	10.306 9	37.314 8

续　表

(I)相互作用8	(J)相互作用8	平均差值($I-J$)	标准误差	显著性	下限	上限
8.00	1.00	−11.113 92*	2.739 01	0.001	−16.627 1	−5.847 9
	2.00	−2.713 92	3.170 38	0.371	−9.077 5	3.402 5
	3.00	−17.613 92*	6.763 07	0.009	−31.055 9	−4.419 1
	5.00	−5.793 92*	2.167 52	0.007	−10.180 2	−1.654 8
	6.00	−5.028 21*	1.546 15	0.001	−8.196 6	−2.107 0
	7.00	−4.681 94	3.323 05	0.160	−11.102 5	1.858 9
	9.00	−1.048 31	1.871 67	0.577	−4.747 0	2.650 4
	10.00	9.762 50*	4.840 89	0.045	0.230 8	19.294 2
	11.00	−8.737 50	6.763 07	0.198	−22.055 9	4.580 9
	12.00	11.070 19*	2.827 08	0.000	5.506 9	16.633 5
	13.00	22.762 50*	6.763 07	0.001	9.444 1	36.080 9
9.00	1.00	−21.000 00*	5.355 16	0.000	−31.546 0	−10.454 0
	2.00	−12.600 00*	5.588 10	0.025	−23.604 7	−1.595 3
	3.00	−27.500 00*	8.180 14	0.001	−43.611 5	−11.388 5
	4.00	−15.680 00*	5.086 61	0.002	−25.697 1	−5.662 9
	5.00	−14.914 29*	4.855 87	0.002	−24.477 0	−5.351 6
	6.00	−14.444 44*	5.676 10	0.012	−25.622 5	−3.266 4
	7.00	−10.810 81*	4.971 54	0.031	−20.602 7	−1.018 9
	8.00	−9.762 50*	4.840 89	0.045	−19.294 2	−0.230 8
	10.00	−18.500 00*	8.180 14	0.025	−34.609 2	−2.390 8
	11.00	1.307 69	5.400 73	0.809	−9.328 0	11.943 4
	12.00	13.000 00	8.180 14	0.113	−3.111 5	29.111 5

续 表

（I）相互作用8	（J）相互作用8	平均差值（I－J）	标准误差	显著性	下限	上限
10.00	1.00	−2.500 00	7.140 21	0.727	−16.561 3	11.561 3
	2.00	5.900 00	7.316 54	0.421	−8.510 6	20.310 6
	3.00	−9.000 00	9.445 61	0.342	−27.601 3	9.601 3
	4.00	2.820 00	6.941 07	0.685	−10.849 1	16.489 1
	5.00	3.585 71	6.773 80	0.597	−9.754 0	16.925 4
	6.00	4.055 56	7.383 97	0.583	−10.485 8	18.596 9
	7.00	7.689 19	6.857 19	0.263	−5.814 8	21.193 1
	8.00	8.613 92	6.763 07	0.198	−4.580 9	22.055 9
	9.00	18.500 00*	8.180 14	0.025	2.390 8	34.609 2
	11.00	19.807 69*	7.174 45	0.006	5.679 0	33.936 4
	12.00	31.500 00*	9.445 61	0.001	12.898 7	50.101 3
11.00	1.00	−22.307 69*	3.638 11	0.000	−29.472 3	−15.143 1
	2.00	−13.907 69*	3.973 03	0.001	−21.731 8	−6.083 6
	3.00	28.807 69*	7.174 45	0.000	−42.936 4	−14.679 0
	4.00	−16.987 69*	3.229 83	0.000	−23.348 2	−10.627 1
	5.00	−16.221 98*	2.852 65	0.000	−21.839 7	−10.604 2
	6.00	−15.752 14*	4.095 89	0.000	−23.819 2	−7.686 1
	7.00	−12.118 50*	3.045 39	0.000	−18.115 8	−6.121 2
	8.00	−11.193 77*	2.827 08	0.000	−16.761 2	−5.626 4
	9.00	−1.307 69	5.400 73	0.809	−11.943 4	9.328 0
	10.00	−19.807 69*	7.174 45	0.006	−33.936 4	−5.679 0
	12.00	11.692 31	7.174 45	0.104	−2.436 4	25.821 0

续 表

（I）相互作用8	（J）相互作用8	平均差值（I－J）	标准误差	显著性	下限	上限
12.00	1.00	−34.000 00*	7.140 21	0.000	−48.061 3	−19.938 7
	2.00	−25.600 00*	7.316 54	0.001	−40.008 5	−11.191 5
	3.00	−40.500 00*	9.445 61	0.000	−59.101 3	−21.898 7
	4.00	−28.680 00*	6.941 07	0.000	−42.349 1	−15.010 9
	5.00	−27.914 29*	6.773 80	0.000	−41.254 0	−14.574 6
	6.00	−27.444 44*	7.383 97	0.000	−41.985 8	−12.903 1
	7.00	−23.810 81*	6.857 19	0.001	−37.314 8	−10.306 9
	8.00	−22.886 08*	6.763 07	0.001	−36.080 9	−9.444 1
	9.00	−13.000 00	8.180 14	0.113	−29.111 5	3.111 5
	10.00	−31.500 00*	9.445 61	0.001	−50.101 3	−12.898 7
	11.00	−11.692 31	7.174 45	0.104	−25.821 0	2.436 4

注：1. *表示平均值之间差异的显著性水平为0.05。

2. 若（职称＝"教授"＆学历＝"博士"），则相互作用8＝1.00；

若（职称＝"教授"＆学历＝"硕士"），则相互作用8＝2.00；

若（职称＝"教授"＆学历＝"本科"），则相互作用8＝3.00；

若（职称＝"副教授"＆学历＝"博士"），则相互作用8＝4.00；

若（职称＝"副教授"＆学历＝"硕士"），则相互作用8＝5.00；

若（职称＝"副教授"＆学历＝"本科"），则相互作用8＝6.00；

若（职称＝"讲师"＆学历＝"博士"），则相互作用8＝7.00；

若（职称＝"讲师"＆学历＝"硕士"），则相互作用8＝8.00；

若（职称＝"讲师"＆学历＝"本科"），则相互作用8＝9.00；

若（职称＝"助教"＆学历＝"博士"），则相互作用8＝10.00；

若（职称＝"助教"＆学历＝"硕士"），则相互作用8＝11.00；

若（职称＝"助教"＆学历＝"本科"），则相互作用8＝12.00。

表附录-9 多重比较

（职称与学科专业的相互作用）

因变量：教学学术能力

Tambane   95%置信区间

(I) 相互作用9	(J) 相互作用9	平均差值 (I−J)	标准误差	显著性	下限	上限
1.00	2.00	5.211 11	4.463 04	0.244	−3.576 7	13.998 9
	3.00	−4.317 46	4.895 13	0.379	−13.957 5	5.321 2
	4.00	5.026 37	3.476 02	0.149	−1.819 0	11.871 7
	5.00	4.418 80	3.756 65	0.241	−2.979 2	11.816 8
	6.00	0.532 16	3.930 57	0.892	−7.208 4	8.272 7
	7.00	8.639 41*	3.501 96	0.014	1.743 0	15.535 9
	8.00	9.811 11*	3.522 65	0.006	2.885 7	16.736 5
	9.00	10.166 67*	3.965 51	0.011	2.357 3	17.976 0
	10.00	18.474 75*	4.365 89	0.000	9.877 0	27.072 5
	11.00	20.111 11*	5.837 08	0.001	8.616 1	31.606 1
	12.00	23.611 11*	7.593 38	0.002	8.657 4	38.564 8

续 表

（I）相互作用9	（J）相互作用9	平均差值（I－J）	标准误差	显著性	下限	上限
2.00	1.00	−5.211 11	4.463 04	0.244	−13.998 9	3.576 7
	3.00	−9.528 57*	4.786 66	0.048	−18.954 0	−0.103 1
	4.00	−0.184 75	3.321 80	0.956	−6.726 4	6.356 0
	5.00	−0.792 31	3.614 43	0.827	−7.909 2	6.324 6
	6.00	−4.678 95	3.794 87	0.219	−12.151 1	2.793 3
	7.00	3.428 30	3.348 94	0.307	−3.165 8	10.022 4
	8.00	4.600 00	3.370 57	0.173	−2.025 5	11.225 5
	9.00	4.955 56	3.831 05	0.197	−2.587 9	12.499 0
	10.00	13.263 64*	4.244 13	0.002	4.906 8	21.620 4
	11.00	14.900 00*	5.746 57	0.010	3.584 9	26.215 1
	12.00	18.400 00*	7.524 03	0.015	3.585 0	33.215 0
3.00	1.00	4.317 46	4.895 13	0.379	−5.322 6	13.957 5
	2.00	9.528 57*	4.786 88	0.048	0.103 1	18.954 0
	4.00	9.343 83*	3.883 04	0.017	1.698 0	16.989 6
	5.00	8.736 26*	4.136 15	0.036	0.592 1	16.880 4
	6.00	4.849 62	4.294 73	0.260	−3.608 0	13.307 3
	7.00	12.956 87*	3.906 28	0.001	5.265 3	20.648 4
	8.00	12.956 87*	3.924 84	0.001	6.410 1	21.847 0
	9.00	14.128 57*	4.326 73	0.000	5.964 7	23.003 6
	10.00	22.792 21*	4.696 41	0.000	13.543 5	32.040 9
	11.00	24.428 57*	6.088 25	0.000	12.438 9	36.418 2
	12.00	27.928 57*	7.788 11	0.000	12.591 4	43.265 8

续 表

（I）相互作用9	（J）相互作用9	平均差值（I－J）	标准误差	显著性	下限	上限
4.00	1.00	−5.026 37	3.476 02	0.149	−11.870 7	1.818 0
	2.00	0.184 75	3.321 80	0.956	−6.356 0	6.725 5
	3.00	−9.343 83*	3.883 04	0.017	−16.989 6	−1.698 0
	5.00	−0.607 56	2.286 50	0.791	−5.109 7	3.894 6
	6.00	−4.494 20	2.562 24	0.081	−9.539 3	0.550 9
	7.00	3.613 05	1.838 32	0.050	−0.006 6	7.232 7
	8.00	4.594 95*	1.877 43	0.011	1.108 3	8.461 2
	9.00	5.140 30	2.615 52	0.050	−0.009 7	10.290 3
	10.00	13.448 38*	3.190 08	0.000	7.167 0	19.729 7
	11.00	15.084 75*	5.018 68	0.003	5.202 8	24.966 6
	12.00	18.584 75*	6.983 91	0.008	4.833 2	32.336 2
5.00	1.00	−4.418 80	3.756 65	0.241	−11.916 8	2.979 2
	2.00	0.792 31	3.614 43	0.827	−6.325 6	7.910 2
	3.00	−8.736 26*	4.136 15	0.036	−16.881 6	−0.590 9
	4.00	0.607 56	2.286 50	0.791	−3.894 6	5.109 7
	6.00	−3.886 64	2.931 69	0.186	−9.659 2	1.885 9
	7.00	4.220 61	2.325 75	0.071	−0.358 9	8.800 1
	8.00	5.202 51*	2.356 79	0.022	0.767 8	10.016 8
	9.00	5.747 86	2.978 37	0.055	−0.116 6	11.612 3
	10.00	14.055 94*	3.493 76	0.000	7.176 6	20.936 2
	11.00	15.692 31*	5.216 98	0.003	5.419 9	25.964 7
	12.00	19.192 31*	7.127 75	0.008	5.155 6	33.227 0

续 表

(I) 相互作用9	(J) 相互作用9	平均差值 (I-J)	标准误差	显著性	下限	上限
6.00	1.00	−0.532 16	3.930 57	0.892	−8.271 6	7.207 2
	2.00	4.678 95	3.794 87	0.219	−2.793 3	12.151 1
	3.00	−4.849 62	4.294 73	0.260	−13.306 1	3.606 8
	4.00	4.494 20	2.562 24	0.081	−0.550 9	9.539 3
	5.00	3.886 64	2.931 69	0.186	−1.885 9	9.659 2
	7.00	8.107 25*	2.597 33	0.002	2.993 0	13.221 5
	8.00	9.278 95*	2.617 48	0.000	4.124 4	14.433 5
	9.00	9.634 50*	3.194 54	0.003	3.342 7	15.925 4
	10.00	17.942 58*	3.680 12	0.000	10.696 3	25.188 8
	11.00	19.578 95*	5.343 58	0.000	9.057 3	30.100 6
	12.00	23.078 95*	7.220 92	0.002	8.860 8	37.297 1
7.00	1.00	−8.639 41*	3.501 96	0.014	−15.535 9	−1.743 0
	2.00	−3.428 30	3.348 94	0.307	−10.023 4	3.166 8
	3.00	−12.956 87*	3.906 28	0.001	20.649 6	5.264 2
	4.00	−3.613 05	1.838 32	0.050	−7.232 7	0.006 6
	5.00	−4.220 61	2.325 75	0.071	−8.800 1	0.358 9
	6.00	−8.107 25*	2.597 33	0.002	−13.221 4	−2.993 0
	8.00	1.171 70	1.914 77	0.541	−2.599 0	4.942 4
	9.00	1.527 25	2.649 57	0.565	−3.691 2	6.745 7
	10.00	9.835 33*	3.218 33	0.002	3.497 4	16.173 2
	11.00	11.471 70*	5.036 68	0.024	1.554 3	21.389 1
	12.00	14.971 70*	6.996 86	0.033	1.194 7	28.748 7

续 表

(I) 相互作用9	(J) 相互作用9	平均差值 (I-J)	标准误差	显著性	下限	上限
8.00	1.00	−9.811 11*	3.516 74	0.006	−16.736 5	−2.885 7
	2.00	−4.600 00	3.364 42	0.173	−11.225 5	2.025 5
	3.00	−14.128 57*	3.919 44	0.000	−21.847 0	−6.410 1
	4.00	4.594 95*	1.866 91	0.011	−8.461 2	−1.108 3
	5.00	−5.202 51*	2.348 31	0.022	−10.016 8	−0.767 8
	6.00	−9.089 15*	2.617 48	0.000	−14.433 5	−4.124 4
	7.00	−1.171 70	1.914 77	0.541	−4.942 4	2.599 0
	9.00	0.355 56	2.669 64	0.894	−4.901 7	5.612 8
	10.00	8.663 64*	3.234 47	0.008	2.294 1	15.033 2
	11.00	10.300 0*	5.046 64	0.042	0.361 8	20.238 2
	12.00	13.800 00*	7.003 61	0.050	0.008 0	27.592 0
9.00	1.00	−10.166 67*	3.965 51	0.011	−17.976 0	−2.357 3
	2.00	−4.955 56	3.810 5	0.197	−12.499 0	2.587 9
	3.00	−14.484 13*	4.326 73	0.001	−23.004 8	−5.963 5
	4.00	−5.140 30	2.615 52	0.050	−10.290 3	0.009 7
	5.00	−5.747 86	2.978 37	0.055	−11.613 2	0.117 5
	6.00	−9.634 50*	3.194 94	0.003	−15.926 3	−3.342 7
	7.00	−1.527 25	2.649 57	0.565	−6.745 7	3.691 2
	8.00	−0.355 56	2.669 64	0.894	−5.617 6	4.901 9
	10.00	8.308 08*	3.717 42	0.026	0.987 3	15.628 8
	11.00	9.944 44	5.369 33	0.065	−0.629 4	20.518 3
	12.00	13.444 44	7.240 00	0.064	−0.813 4	27.702 3

续 表

(I) 相互作用9	(J) 相互作用9	平均差值 (I－J)	标准误差	显著性	下限	上限
10.00	1.00	−18.474 75*	4.365 89	0.000	−27.072 5	−9.877 0
	2.00	−13.263 64*	4.244 13	0.002	−21.621 6	−4.905 6
	3.00	−22.792 21*	4.696 41	0.000	−32.040 9	−13.543 5
	4.00	−13.448 38	3.190 08	0.000	−19.730 6	−731661
	5.00	−14.055 94*	3.493 76	0.000	−20.936 2	−7.175 7
	6.00	−17.942 58*	3.680 12	0.000	−25.189 9	−10.695 3
	7.00	−9.835 33*	3.218 33	0.002	−16.173 2	−3.497 4
	8.00	−8.853 43*	3.234 47	0.008	−15.035 6	−2.291 2
	9.00	−8.308 08*	3.717 42	0.026	−15.628 8	−0.987 3
	11.00	1.636 36	5.671 45	0.773	−9.532 5	12.805 2
	12.00	5.136 36	7.466 81	0.492	−9.568 1	19.840 8
11.00	1.00	−20.111 11*	5.837 08	0.001	−31.606 1	−8.616 1
	2.00	−14.900 00*	5.746 57	0.010	−26.216 8	−3.583 2
	3.00	−24.428 57*	6.088 25	0.000	−36.418 2	−12.438 9
	4.00	−15.084 75*	5.018 68	0.003	−24.968 1	−5.201 4
	5.00	−15.692 31*	5.216 98	0.003	−25.966 2	−5.418 5
	6.00	−19.578 95*	5.343 58	0.000	−30.102 1	−9.055 8
	7.00	−11.471 70*	5.036 68	0.024	−21.390 5	−1.552 9
	8.00	−10.489 80*	5.051 09	0.042	−20.437 0	−0.361 8
	9.00	−9.944 44	5.369 33	0.065	−20.518 3	0.629 4
	10.00	−1.636 36	5.671 45	0.773	−12.805 2	9.532 6
	12.00	3.500 00	8.412 12	0.678	−13.066 1	20.066 1

续 表

（I）相互作用9	（J）相互作用9	平均差值（I－J）	标准误差	显著性	下限	上限
12.00	1.00	−23.611 11*	7.593 38	0.002	−38.564 8	−8.657 4
	2.00	−18.400 00*	7.524 03	0.015	−33.217 2	−3.582 8
	3.00	−27.928 57*	7.788 11	0.000	−43.265 8	−12.591 4
	4.00	−18.584 75*	6.983 91	0.008	−32.338 2	−4.831 3
	5.00	−19.192 31*	7.127 75	0.008	−33.229 1	−5.155 6
	6.00	−23.078 95*	7.220 92	0.002	−37.299 2	−8.860 8
	7.00	−14.971 70*	6.996 86	0.033	−28.750 7	−1.192 7
	8.00	−13.989 80*	7.007 24	0.050	−27.789 2	−0.008 0
	9.00	−13.444 44	7.240 00	0.064	−27.702 3	0.811 3
	10.00	−5.136 36	7.466 81	0.492	−19.840 8	9.568 1
	12.00	−3.500 00	8.412 12	0.678	−20.063 7	13.063 7

注：1.*表示平均值之间差异的显著性水平为 0.05。

2.若（职称＝"教授"＆学科专业＝"文科"），则相互作用9=1.00；

若（职称＝"教授"＆学科专业＝"理科"），则相互作用9=2.00；

若（职称＝"教授"＆学科专业＝"工科"），则相互作用9=3.00；

若（职称＝"副教授"＆学科专业＝"文科"），则相互作用9=4.00；

若（职称＝"副教授"＆学科专业＝"理科"），则相互作用9=5.00；

若（职称＝"副教授"＆学科专业＝"工科"），则相互作用9=6.00；

若（职称＝"讲师"＆学科专业＝"文科"），则相互作用9=7.00；

若（职称＝"讲师"＆学科专业＝"理科"），则相互作用9=8.00；

若（职称＝"讲师"＆学科专业＝"工科"），则相互作用9=9.00；

若（职称＝"助教"＆学科专业＝"文科"），则相互作用9=10.00；

若（职称＝"助教"＆学科专业＝"理科"），则相互作用9=11.00；

若（职称＝"助教"＆学科专业＝"工科"），则相互作用9=12.00。

表附录-10　多重比较
（学历与学科专业的相互作用）

因变量：教学学术能力

Tambane　　　　　　　　　　　　　　　　　　　　　　95%置信区间

(I)相互作用10	(J)相互作用10	平均差值 (I−J)	标准误差	显著性	下限	上限
1.00	2.00	5.945 35*	2.816 97	0.036	0.401 0	11.489 7
	3.00	4.550 00	3.554 95	0.202	−2.446 9	11.546 9
	4.00	7.471 57*	2.545 22	0.004	2.459 5	12.483 6
	5.00	9.640 91*	2.816 97	0.001	4.116 6	15.165 3
	6.00	3.290 74	3.069 04	0.285	−2.752 7	9.334 2
	7.00	12.150 00*	4.028 94	0.003	4.216 3	20.083 7
	8.00	2.550 00	6.440 79	0.692	−10.139 3	15.239 3
	9.00	6.800 00	5.697 85	0.234	−4.420 0	18.020 0
2.00	1.00	−5.945 35*	2.816 97	0.036	−11.492 5	−0.398 2
	3.00	−1.395 35	3.119 50	0.655	−7.541 2	4.750 5
	4.00	1.526 22	1.892 39	0.420	−2.198 4	5.250 8
	5.00	3.695 56	2.230 74	0.099	−0.697 1	8.088 3
	6.00	−2.654 61	2.555 00	0.300	−7.687 1	2.377 9
	7.00	6.204 65	3.653 96	0.091	−0.987 1	13.395 4
	8.00	−3.395 35	6.215 05	0.585	−15.634 0	8.843 3
	9.00	0.854 65	5.437 95	0.875	−9.858 9	11.568 2

续 表

（I）相互作用10	（J）相互作用10	平均差值（I－J）	标准误差	显著性	下限	上限
3.00	1.00	−4.550 00	3.554 95	0.202	−11.550 4	2.450 4
	2.00	1.395 35	3.121 01	0.655	−4.747 5	7.538 2
	4.00	2.921 57	2.876 72	0.311	−2.743 2	8.586 3
	5.00	5.090 91	3.110 32	0.103	−1.033 8	11.215 6
	6.00	−1.259 26	3.351 64	0.707	−7.859 3	5.340 8
	7.00	7.600 00	4.248 98	0.075	−0.762 9	15.962 9
	8.00	−2.000 00	6.579 31	0.761	−14.955 8	10.955 8
	9.00	2.250 00	5.853 99	0.701	−9.277 5	13.777 5
4.00	1.00	−7.471 57*	2.545 22	0.004	−12.481 1	−2.462 0
	2.00	−1.526 22	1.892 39	0.420	−5.250 8	2.198 4
	3.00	−2.921 57	2.878 11	0.311	−8.589 2	2.746 0
	5.00	1.962 15	1.892 39	0.249	−1.525 4	5.864 1
	6.00	−4.180 83	2.252 54	0.064	−8.616 5	0.252 7
	7.00	4.678 43	3.448 81	0.176	−2.109 6	11.466 4
	8.00	−4.921 57	6.096 69	0.420	−16.927 2	7.078 0
	9.00	−0.671 57	5.304 98	0.899	−11.112 9	9.769 8
5.00	1.00	−9.640 91*	2.816 97	0.001	3.886 5	14.980 9
	2.00	−3.695 56	2.230 74	0.099	−8.088 3	0.697 1
	3.00	−5.090 91	3.110 32	0.103	−11.215 6	1.033 8
	4.00	−2.169 34	1.876 29	0.249	−5.864 1	1.525 4
	6.00	−6.350 17*	2.543 15	0.013	−11.358 0	−1.342 3
	7.00	2.509 09	3.644 36	0.492	−4.667 3	9.685 4
	8.00	−7.090 91	6.207 44	0.254	−19.314 4	5.132 6
	9.00	−2.840 91	5.432 69	0.601	−13.538 8	7.857 0

续　表

（I）相互作用10	（J）相互作用10	平均差值（I－J）	标准误差	显著性	下限	上限
6.00	1.00	−3.290 74	3.069 04	0.285	−9.337 2	2.755 7
	2.00	2.654 61	2.554 37	0.300	−2.375 4	7.684 6
	3.00	1.259 26	3.351 64	0.707	−5.337 5	7.856 0
	4.00	4.180 83	2.252 54	0.064	−0.252 7	8.614 3
	5.00	6.350 17*	2.543 15	0.013	1.342 3	11.358 0
	7.00	8.859 26*	3.850 97	0.022	1.276 1	16.442 4
	8.00	−0.740 74	6.330 95	0.907	−13.207 4	11.725 9
	9.00	3.509 26	5.573 39	0.529	−7.465 7	14.484 2
7.00	1.00	−12.150 00*	4.028 99	0.003	−20.083 7	−4.216 3
	2.00	−6.204 65	3.652 20	0.091	−13.396 4	0.987 1
	3.00	−7.600 00	4.248 98	0.075	−15.967 1	0.762 9
	4.00	−4.678 43	3.448 81	0.176	−11.466 4	2.109 6
	5.00	−2.509 09	3.644 36	0.492	−9.685 4	4.667 3
	6.00	−8.859 26*	3.850 97	0.022	−16.442 4	−1.276 1
	8.00	−9.600 00	6.851 28	0.162	−23.084 8	3.884 8
	9.00	−5.350 00	6.157 36	0.385	−17.469 0	6.769 0
8.00	1.00	−2.550 00	6.443 90	0.693	−15.233 0	10.133 0
	2.00	3.395 35	6.215 05	0.585	−8.837 2	15.627 9
	3.00	2.000 00	6.579 31	0.761	−10.955 8	14.955 8
	4.00	4.921 57	6.096 69	0.420	−7.078 0	16.921 2
	5.00	6.883 72	6.207 44	0.254	−5.132 6	19.314 4
	6.00	0.740 74	6.334 01	0.907	−11.732 2	13.213 7
	7.00	9.600 00	6.851 28	0.162	−3.884 8	23.084 8
	9.00	4.250 00	7.949 12	0.593	−11.395 6	19.895 6

续 表

（I）相互作用 10	（J）相互作用 10	平均差值（I－J）	标准误差	显著性	下限	上限
9.00	1.00	−6.800 00	5.697 85	0.234	−18.025 6	4.425 6
	2.00	−0.854 66	5.437 95	0.875	−11.568 2	9.858 9
	3.00	−2.250 00	5.856 82	0.701	−13.777 5	9.277 5
	4.00	0.671 57	5.302 41	0.899	−9.769 8	11.112 9
	5.00	2.840 91	5.432 69	0.601	−7.857 0	13.538 8
	6.00	−3.509 26	5.573 39	0.529	−14.485 2	7.465 7
	7.00	5.350 00	6.154 38	0.385	−6.769 0	17.469 0
	8.00	−4.250 00	7.945 28	0.593	−19.895 6	11.395 6

注：1.*表示平均值之间差异的显著性水平为 0.05。

2.若（学历＝"博士"＆学科专业＝"文科"），则相互作用 10=1.00；

若（学历＝"博士"＆学科专业＝"理科"），则相互作用 10=2.00；

若（学历＝"博士"＆学科专业＝"工科"），则相互作用 10=3.00；

若（学历＝"硕士"＆学科专业＝"文科"），则相互作用 10=4.00；

若（学历＝"硕士"＆学科专业＝"理科"），则相互作用 10=5.00；

若（学历＝"硕士"＆学科专业＝"工科"），则相互作用 10=6.00；

若（学历＝"本科"＆学科专业＝"文科"），则相互作用 10=7.00；

若（学历＝"本科"＆学科专业＝"理科"），则相互作用 10=8.00；

若（学历＝"本科"＆学科专业＝"工科"），则相互作用 10=9.00。

表附录-11 多重比较
（职称晋升态度与教学学术能力）

因变量：教学学术能力

Tambane　　　　　　　　　　　　　　　　　　　　　　　　　　95%置信区间

(I)对晋升职称的态度	(J)对晋升职称的态度	平均差值(I-J)	标准误差	显著性	下限	上限
非常渴望	不渴望	16.060 61*	7.487 63	0.033	1.317 3	30.803 9
	无所谓	7.727 27*	2.613 69	0.003	2.580 8	12.873 7
	一般	3.022 63	1.739 70	0.083	-0.402 9	6.448 2
	渴望	1.190 61	1.654 47	0.472	-2.067 1	4.448 3
渴望	不渴望	14.870 00*	7.450 10	0.047	0.200 6	29.539 4
	无所谓	6.536 67*	2.504 15	0.010	1.605 9	11.467 4
	一般	1.832 03	1.570 33	0.244	-1.260 0	4.924 0
	非常渴望	-1.190 61	1.654 47	0.472	-4.448 3	2.067 1
一般	不渴望	13.037 97	7.469 49	0.082	-1.669 6	27.745 6
	无所谓	4.704 64	2.561 26	0.067	-0.338 5	9.747 8
	渴望	-1.832 03	1.570 33	0.244	-4.924 0	1.260 0
	非常渴望	-3.022 63	1.739 70	0.083	-6.448 2	0.402 9
无所谓	不渴望	8.333 3	7.719 98	0.281	-6.867 5	23.534 2
	一般	-4.704 64	2.561 26	0.067	-9.747 8	0.338 5
	渴望	-6.536 67*	2.504 15	0.010	-11.467 4	-1.605 9
	非常渴望	-7.727 27*	2.613 69	0.003	-12.873 7	-2.580 8
不渴望	无所谓	-8.333 33	7.719 98	0.281	-23.534 2	6.867 5
	一般	-13.037 97	7.469 49	0.082	-27.745 6	1.669 6
	渴望	-14.870 00*	7.450 10	0.047	-29.539 4	-0.200 6
	非常渴望	-16.060 61*	7.487 63	0.033	-30.803 9	-1.317 3

注：*表示平均值之间差异的显著性水平为 0.05。

表附录-12　多重比较
（自我价值实现态度与教学学术能力）

因变量：教学学术能力

Tambane　　　　　　　　　　　　　　　　　　　　　　　　95%置信区间

（I）对自我价值实现的态度	（J）对自我价值实现的态度	平均差值（I-J）	标准误差	显著性	下限	上限
非常满意	非常不满意	2.500 00	6.013 18	0.678	-9.340 1	14.340 1
	不满意	8.684 21*	3.901 86	0.027	1.001 3	16.367 1
	一般	4.680 56	3.221 61	0.147	-1.662 9	11.024 0
	满意	-0.500 00	3.289 48	0.879	-6.977 1	5.977 1
满意	非常不满意	3.000 00	5.262 56	0.569	-7.362 1	13.362 1
	不满意	9.184 21*	2.600 16	0.000	4.064 4	14.304 0
	一般	5.180 56*	1.383 85	0.000	2.455 7	7.905 4
	非常满意	0.500 00	3.289 48	0.879	-5.977 1	6.977 1
一般	非常不满意	-2.180 56	5.220 41	0.677	-12.459 7	8.098 6
	不满意	4.003 65	2.513 74	0.112	-0.946 0	8.953 3
	满意	-5.180 56*	1.383 85	0.000	-7.905 4	-2.455 7
	非常满意	-4.680 56	3.221 61	0.147	-11.024 0	1.662 9
不满意	非常不满意	-6.184 21	5.665 55	0.276	-17.339 8	4.971 4
	一般	-4.003 65	2.513 74	0.112	-8.953 3	0.946 0
	满意	-9.184 21*	2.600 16	0.000	-14.304 0	-4.064 4
	非常满意	-8.684 21*	3.901 86	0.027	-16.367 1	-1.001 3
非常不满意	不满意	6.184 21	5.665 55	0.276	-4.971 4	17.339 8
	一般	2.180 56	5.220 41	0.677	-8.098 6	12.459 7
	满意	-3.000 00	5.262 56	0.569	-13.362 1	7.362 1
	非常满意	-2.500 00	6.013 18	0.678	-14.340 1	9.340 1

注：*表示平均值之间差异的显著性水平为0.05。

关于地方高校教师的教学学术能力的调查如下。

关于地方高校教师的教学学术能力的调查

　　本调查问卷是为了了解地方高校教师的教学学术能力现状、学校的相关教学学术能力考核制度、学校对教学相关项目和获奖等方面的奖励力度，问卷不会对您产生任何相关影响。请在自己答案前的复选框中打"√"。谢谢。

一、人口特性变量

1. 您的年龄段是

   □20～29岁；　　□30～39岁；　　□40～49岁；　　□50～59岁

2. 您的工作单位所在地域

   □发达地区；　　□中部地区；　　□欠发达地区

3. 您的职称是

   □教授（或研究员）；□副教授（或副研究员）；□讲师；□助教

4. 您的学历是

   □博士；　　□硕士；　　□本科；　　□专科及以下

5. 您所在的专业属于什么学科

   □文科；　　□理科；　　□工科

6. 您对自己的年收入满意情况

   □非常满意；　　□满意；　　□一般；　　□不满意；　　□非常不满意

二、教学学术能力变量

7. 您进行教学手段改进的情况
□经常； □一般； □偶尔； □很少； □没有改进

8. 您尝试教学方法探索的情况
□经常； □一般； □偶尔； □很少； □没有探索

9. 当您在教学过程中发现教学设计有问题时，您改进教学设计的态度
□经常； □一般； □偶尔； □很少； □没有改进

10. 您将专业前沿知识融入教学内容的情况
□经常； □一般； □偶尔； □很少； □没有

11. 您对更新教育观念的态度
□非常积极； □积极； □一般； □很少； □不会

12. 您近五年在教学相关年会上发言的次数
□非常多（6次以上）； □一般（4～5次）； □偶尔（2～3次）；
□很少（1次）； □没有（0次）

13. 您近五年参加教研活动（除讲座外）的场次
□非常多（6次以上）； □一般（4～5次）； □偶尔（2～3次）；
□很少（1次）； □没有（0次）

14. 您近五年参加教研活动（除讲座外）的类型
□非常高级（国家级）； □高级（省级）； □一般级（市级）；
□次基础级（校级）； □基础级（系级）

15. 您近五年参加教学相关讲座的场次
□非常多（6次以上）； □一般（4～5次）； □偶尔（2～3次）；
□很少（1次）； □没有（0次）

16. 您近五年主持教学相关讲座的次数
□非常多（4次以上）； □一般（3次）； □偶尔（2次）；
□很少（1次）； □没有（0次）

17. 您近五年参加教学专业相关年会的场次
　　□非常多（6次以上）；　□一般（4～5次）；　□偶尔（2～3次）；
　　□很少（1次）；　　　　□没有（0次）；

18. 您主持过的教学改革项目次数
　　□非常多（4次以上）；　□一般（3次）；　□偶尔（2次）；
　　□很少（1次）；　　　　□没有（0次）

19. 您参与过的教学改革项目次数
　　□非常多（4次以上）；　□一般（3次）；　□偶尔（2次）；
　　□很少（1次）；　　　　□没有（0次）

20. 您主持或参与立项在线课程的情况
　　□非常多（4次以上）；　□一般（3次）；　□偶尔（2次）；
　　□很少（1次）；　　　　□没有（0次）

21. 您近五年发表教学论文的数量
　　□非常多（4篇以上）；　□一般（3篇）；　□偶尔（2篇）；
　　□很少（1篇）；　　　　□没有（0篇）

22. 您获得的教学奖励次数
　　□非常多（4次以上）；　□一般（3次）；　□偶尔（2次）；
　　□很少（1次）；　　　　□没有（0次）

三、中国地方高校教师教学学术能力发展的考核制度

23. 教师职称晋级时，学校对主持教研活动（包括讲座）次数的要求
　　□非常满意；　□满意；　□一般；　□不满意；　□非常不满意

24. 教师职称晋级时，学校对参加教研活动次数的要求
　　□非常满意；　□满意；　□一般；　□不满意；　□非常不满意

25. 学校对教师每年发表教学改革论文数量的要求
　　□非常满意；　□满意；　□一般；　□不满意；　□非常不满意

26. 职称晋级时，学校对教学改革论文数量的要求
　　□非常满意；　□满意；　□一般；　□不满意；　□非常不满意

27. 职称晋级时，学校对教学改革项目立项数量的要求
　　□非常满意；　□满意；　□一般；　□不满意；　□非常不满意

28. 学校对教研室每年开展教研活动次数的要求
　　□非常满意；　□满意；　□一般；　□不满意；　□非常不满意

29. 学校对教师教学内容的更新要求
　　□非常满意；　□满意；　□一般；　□不满意；　□非常不满意

30. 学校对教师讲授课程的教学方法要求
　　□非常满意；　□满意；　□一般；　□不满意；　□非常不满意

31. 学校对教师采用信息化教学手段进行授课的要求
　　□非常满意；　□满意；　□一般；　□不满意；　□非常不满意

四、中国地方高校教师教学学术能力发展的激励制度

32. 您对学校奖励教师主持教研活动（包括讲座）措施的态度
　　□非常满意；　□满意；　□一般；　□不满意；　□非常不满意

33. 您对学校奖励教师发表教学改革论文的态度
　　□非常满意；　□满意；　□一般；　□不满意；　□非常不满意

34. 您对学校支持教师立项的省级教学改革项目经费力度的满意度
　　□非常满意；　□满意；　□一般；　□不满意；　□非常不满意

35. 您对学校支持教师立项的校级教学改革项目经费力度的满意度
　　□非常满意；　□满意；　□一般；　□不满意；　□非常不满意

36. 您对学校支持教师立项的国家级课程项目经费力度的满意度
　　□非常满意；　□满意；　□一般；　□不满意；　□非常不满意

37. 您对学校支持教师立项的省级课程项目经费力度的满意度
　　□非常满意；　□满意；　□一般；　□不满意；　□非常不满意

38. 您对学校支持教师立项的校级课程项目经费力度的满意度

　　□非常满意； 　□满意； 　□一般； 　□不满意； 　□非常不满意

39. 您对学校奖励省级课堂教学比赛获奖教师的态度

　　□非常满意； 　□满意； 　□一般； 　□不满意； 　□非常不满意

40. 您对学校奖励省级教学比赛（除课堂教学比赛）获奖教师的态度

　　□非常满意； 　□满意； 　□一般； 　□不满意； 　□非常不满意

41. 您对职称晋级时，教师发表省级教改论文加分制度的满意度

　　□非常满意； 　□满意； 　□一般； 　□不满意； 　□非常不满意

42. 在职称晋级制度中，您对学校立项的教学改革项目加分与同级科研项目加分情况的满意度

　　□非常满意； 　□满意； 　□一般； 　□不满意； 　□非常不满意

43. 在职称晋级制度中，您对学校奖励立项的课程加分数量的满意度

　　□非常满意； 　□满意； 　□一般； 　□不满意； 　□非常不满意

44. 在职称晋级制度中，您对学校奖励国家级课堂教学比赛获奖教师加分的满意度

　　□非常满意； 　□满意； 　□一般； 　□不满意； 　□非常不满意

45. 在职称晋级制度中，您对学校奖励省级课堂教学比赛获奖教师加分制度的满意度

　　□非常满意； 　□满意； 　□一般； 　□不满意； 　□非常不满意

五、教师个人的期望

46. 您对晋升职称的态度

　　□非常渴望； 　□渴望； 　□一般； 　□无所谓； 　□不渴望

47. 您对自己教学工作环境（包括专业、课程、教学设施、学生等）的满意度

　　□非常满意； 　□满意； 　□一般； 　□不满意； 　□非常不满意

48. 您对自己教学能力现状的满意度

　　□非常满意；　□满意；　□一般；　□不满意；　□非常不满意

49. 您对自我价值实现的满意度

　　□非常满意；　□满意；　□一般；　□不满意；　□非常不满意

50. 您对家庭生活的满意度

　　□非常满意；　□满意；　□一般；　□不满意；　□非常不满意